Wahrsagen für Einsteiger

Das Praxisbuch

Wie Sie anhand 12 anschaulicher Lektionen die Kunst der Divination entdecken und für sich nutzen

Miriam Engels

⚐ INHALT

Das erwartet Sie in diesem Buch

Divination, die Kunst des Wahrsagens und Vorhersagens. Was ist das eigentlich? Wie hat es sich entwickelt? Welche Methoden gibt es?

Auf all diese Fragen gebe ich Dir Antworten, ehe ich in 12 Lektionen einen Zugang zur Divination vermittle. Nach diesen 12 Lektionen weißt Du, welche Technik für Dich geeignet ist. Du findest erste eigene Aussagen und kannst diese für Dich nutzen.

Divination, Wahr- & Vorhersagen

Die Kunst der Divination ist eine der ältesten und durch die Jahrtausende hinweg wichtigsten Künste, die der Mensch sich angeeignet hat. Vom Jagderfolg über Erntevorhersagen bis hin zu Entscheidungen von weltpolitischen Ausmaßen – die Divination hat die Menschheit lange begleitet und begleitet sie noch immer.

Doch ist es auch immer ein Kampf zwischen Kunst, Wissenschaft und Scharlatanerie, der Kampf zwischen den Begabten, den Gelernten und den Missbrauchenden. So war es immer und so wird es immer sein. Dies ist die Natur der menschlichen

Spezies. Aber....

...UM WAS GEHT ES EIGENTLICH?

Die meisten Menschen verstehen unter Divination nur „in die Zukunft sehen", also Vorhersagen, doch das erfasst es nicht richtig.

Genau genommen ist Divination erst einmal ein Erfassen von Fakten und Ereignissen. Diese können in der Vergangenheit, Gegenwart oder Zukunft liegen.

Deshalb übersetzt man Divination korrekter mit Wahrsagen. Eine Person, die eine Form von Divination anwendet, berichtet über Begebenheiten, die sie je nach Technik, gesehen, gehört, gefühlt oder sonst wie erfasst hat. Begebenheiten der Vergangenheit oder Gegenwart können so überprüft und der Wissensstand darüber ggf. korrigiert werden. Bei der Zukunft ist es etwas schwieriger, da diese noch nicht geschehen ist und somit eine Überprüfung nur bedingt möglich ist. Die genauen Problematiken der Zukunftsschau erläutere ich in den praktischen Lektionen noch einmal ausführlicher.

WOHER KOMMT DER WUNSCH NACH ZUKUNFT?

Auch wenn Divination so viel mehr ist, als nur in die Zukunft zu sehen, so ist dies doch seit jeher der größte Anwendungsbereich.

Warum ist das so? Es ging Jahrtausende lang ums Überleben. Wie wird das Wetter? Wird die Ernte reichen, um zu überleben? Werden wir auf der Jagd Glück haben? Wo finden wir Nahrung? Wo Schutz? Wird es Krieg geben? Werden die Truppen uns verschonen? Sind die Fremden dort friedlich?

Heute haben wir diverse Wissenschaften, die uns helfen, das Leben zu meistern – von der mehr oder weniger verlässlichen Wettervorhersage bis zur Medizin. Und auch unsere Nahrungsmittelversorgung macht uns keine Angst mehr. Na ja, zumindest uns in Europa.

Und dennoch haben wir eine Sehnsucht, zu wissen, was auf uns zu kommt. Ein großes Thema ist dabei die Liebe. Finde ich meinen Traummann? Ist mir mein Mann/Freund bzw. meine Frau / Freundin treu? Kehrt mein Angebeteter zu mir zurück? Aber auch der Beruf beschäftigt den modernen Menschen. Soll ich eine andere Stelle suchen? Werde ich eine Arbeit finden? Werde ich in meinem Beruf glücklich?

Und das liebe Geld ist in allen Köpfen. Liebt sie mich oder mein Geld? Werde ich mir das Haus leisten können? Kann ich meine Schulden bald bezahlen?

Viele dieser Fragen resultieren aus Unsicherheit, Verlustängsten und angekratztem Selbstbewusstsein. Wir wissen in etwa, was in der Vergangenheit und in der Gegenwart geschieht, aber die Zukunft ist für uns nur ein Gedankenkonstrukt, ein unfassbarer Pool aus Möglichkeiten und aufeinander aufbauenden Entscheidungen. Zudem sind unsere Entscheidungen von denen anderer abhängig und damit wird unsere Zukunft immer auch ein stückweit von anderen mit beeinflusst.

Das macht es uns schwer, Vertrauen darin zu finden, dass alles gut wird. Wir wollen nicht hoffen oder vertrauen, wir wollen wissen, Sicherheit darüber haben, was geschehen wird. Und diese Sicherheit holen wir uns durch Divination.

Doch sollten wir immer im Blick behalten, ob die Person, die uns wahrsagt, nicht vielleicht doch eigene Interessen verfolgt ...

DIVINATION ALS POLITIKUM

Divination ist eine Kunst, die im Laufe der Geschichte oft missbraucht wurde – in erster Linie, wenn es um Macht ging. Berühmt berüchtigt sind die Geschichten, die sich um das Orakel von Delphi ranken. Feldherren und Politiker holten sich hier ihren Rat und wurden durch die Vorhersagen oftmals in die Irre geleitet.

Die Priester, die das Orakel deuteten, waren nicht unbestechlich und so entstand und zerbarst so manche Karriere mit wenigen Worten.

Und das Orakel von Delphi war nicht das einzige, das sich auf die Kunst politischer Einflussnahme verstand. Vom Alten Ägypten bis in die Anfänge des 20. Jahrhunderts gab es immer wieder berühmte Medien, Astrologen und Wahrsager, die, nachdem sie ihre Fähigkeiten bewiesen hatten, ihren gewonnenen Einfluss nutzten, um politische und/oder gesellschaftliche Ereignisse nachhaltig zu beeinflussen.

Manche hatten gute Absichten, andere böse.

Heutzutage undenkbar, oder? Auch wenn unsere Welt seit dem Anfang des 20. Jahrhunderts aufgeklärt wirkt und sich offiziell von dem Einfluss der Divination abgrenzt, so wurde diese dennoch nachweislich bis zum Ende des Kalten Krieges für politische Zwecke eingesetzt. Sie nannten es nicht Divination, sondern Remote Control, Remote Viewing und Transsurfing, aber im Endeffekt sind dies nur moderne Begriffe für spezielle Unterarten der Divination. Interessant für uns, für Dich, für dieses Buch: Die wissenschaftlich begleiteten Arbeiten und Experimente wurden nicht nur von Begabten ausgeführt. Zum ersten Mal experimentierte man mit der medialen Ausbildung normaler und semibegabter Menschen in Sachen Divination. Die Ergebnisse waren durchweg erstaunlich und ein Teil der Erkenntnisse fließen nun auch in die Trainingslektionen dieses Buches mit ein.

Wie steht es aktuell mit der Divination? Gute Frage, offiziell gibt es aktuell keine Studien und Anwendungseinheiten, aber da diese auch während des Kalten Krieges eher im Bereich der Geheimdienste verortet waren, kann ich nicht mit Sicherheit sagen, ob es aktuell Anwendungen gibt. Es würde mich jedoch stark wundern, wenn nicht die eine oder andere Seite immer noch in diese Breche schlägt.

Allerdings ist ein anderes Vorhersage-Prinzip, das mit wenig bis gar keiner menschlichen Komponente auskommt, immer mehr auf dem Vormarsch. Durch die allgemeine Überwachung der Menschen, die diese mitunter sogar aktiv unterstützen, entstehen unendliche Datenströme, die es hoch entwickelten Computern ermöglichen, sehr gute Wahrscheinlichkeitsberechnungen des zukünftigen Verhaltens anzustellen. Aufgrund der Wahrscheinlichkeitsrechnungen werden Vorhersagen getroffen, was jemand tun könnte oder getan haben könnte. Auch wenn man es als Wissenschaft verkauft, ist und bleibt es dennoch eine Divination. Genutzt wird es bei der Strafverfolgung, bei Terrorverdacht, aber auch von diktatorischen Systemen zur Überwachung und Lenkung seiner Bürger.

VON WISSENSCHAFTLERN UND SCHARLATANEN

Was uns zu den Wissenschaftlern und Scharlatanen bringt. Es gab und gibt schon immer einen Anteil der Divination, der erlernbar und wissenschaftlich erforscht ist, und einen Anteil, der eine gewisse Gabe benötigt, ohne die er nicht funktioniert.

Vor allem die Astrologie war und ist eine sehr wissenschaftliche Methode, an die Vergangenheit, die Gegenwart und an die Zukunft heranzugehen. In der Spätantike an Bedeutung gewonnen, durchzieht die Wissenschaft der Astrologie das gesamte Mittelalter. Erst in der Neuzeit wird die Astrologie von den

Hochschulen verbannt. Entsprechend waren Astrologen über Jahrhunderte angesehene Wissenschaftler und gut bezahlte Fachleute. Kartenleser, Rutengänger und Pendler hingegen waren eher etwas für das einfache Volk, wenn auch einige besondere Menschen in der okkultistischen Hoch-Zeit des 18. und 19. Jahrhunderts ebenfalls zu Ruhm und Ehre gelangten.

Waren während des Mittelalters und der Aufklärung die einfachen Wahrsager immer einer Gefahr ausgesetzt, wegen Ketzerei oder Hexerei angezeigt und getötet zu werden, setzte mit der industriellen Revolution und dem aufkommenden Bürgertum ein wahrer Boom des Okkultistischen und damit aller Formen der Divination ein.

Wie jeder weiß, bringen Trends das Geld, und wenn es etwas zu verdienen gibt, dann sind die Scharlatane nicht weit.

Natürlich blieb dieser Trend nicht lange unentdeckt und es gab einige, die versuchten, die falschen Medien zu entlarven. Es gelang oft genug, dem Ruf auch der ehrlichen Wahrsager grundlegend zu schaden und uns an den Rand der aufgeklärten Gesellschaft zu drängen.

Divinationsmethoden

Es gibt unendlich viele Divinationsmethoden. Sie entwickelten sich mit der Menschheit, ihren Erkenntnissen, Religionen, aber auch durch spezielle Fähigkeiten. Selbst die Umgebung, in der Menschen lebten, half, neue Sicht auf die Künste zu werfen.

Ich stelle Dir hier einmal einige vor. Es gibt keine wirklich scharfen Grenzen, auch wenn das zum Beispiel bei der Astrologie so scheinen mag. Es gibt diverse Kombinationsformen zwischen den verschiedenen Techniken. Diese Unendlichkeit an Möglichkeiten würde den Rahmen des Buches überfordern. Ich stelle Dir hier die bekanntesten vor. Viele davon werde ich in den Übungen aufgreifen, um Dir einen ersten Einblick in die Technik zu verschaffen.

VOM URSPRUNG: SORTION

Die Sortion gehört zu den ältesten Methoden der Wahrsagung. Man benötigt ein paar Steinchen, Stöcke, Münzen, Würfel oder etwas, das man sonst gerade findet, um sie durchzuführen. Diese werden bei Ausspruch der Frage geworfen. Neben einfachen Ja-Nein-Fragen, für die ja bereits eine Münze ausreicht, kann man auch komplexere Fragen stellen. Je komplexer, desto mehr Wurfgegenstände benötigt man. Interpretiert werden die Lage, die Gruppierungen und assoziierte Bilder, die bei dem Wurf entstanden sind.

Neben einfachen Assoziationen kann man auch die Interpretationsmöglichkeiten anderer Techniken anwenden, etwa, indem man Gruppierungen numerologisch betrachtet, die Würfelzahlen summiert oder mit gravierten Zeichen weitere Interpretationsräume erschließt, wie etwa die der Runen. Außerdem kann man mithilfe von Tafeln, auf die geworfen wird, noch viel tiefer gehende Aussagen treffen.

ALLES IST EIN SPIEL: SENET UND ANDERE DIVINATIONSSPIELE

Erstaunlicherweise ist die Idee, das Leben als Spiel und somit das Spiel als Abbild des Lebens zu sehen, sehr alt. Die Ägypter haben diese Form der Divination erfunden. Im Laufe der ägyptischen Geschichte wurden aus den eigentlich divinatorischen Spielen dann auch Gesellschaftsspiele.

Besonders beliebt war das Senet. Das Spielbrett aus drei mal zehn Feldern stellte die Dekaden des Lebens dar, also den jungen Menschen, bei dem das Spiel beginnt, den Erwachsenen Menschen auf seiner Reise durchs Leben und den alten Menschen, dessen Hoffnung der Einzug in ein möglichst gutes Leben nach dem Tod ist.

Das Spiel wird immer zu zweit gespielt, für die Divination spielt der eine die Frage und der andere die Unwägbarkeiten. Der Weg, den die je 5 Figuren im Spiel nehmen, die Blockaden, geschlagene Figuren, aber auch das Erreichen der 5 besonderen Felder ergibt zusammen die Weissagung.

Auch andere Kulturen haben das Spiel als divinatorisches Mittel genutzt, für uns besonders interessant ist das indische Pachisi, das die Vorlage für unser „Mensch Ärgere Dich nicht" liefert. Dieses

Spiel ist bekannter und einfacher zu bekommen, weswegen wir in den Übungen später hiermit arbeiten werden, auch, wenn das Senet eine meines Erachtens bessere Aussagekraft hat.

DIE KUNST DER KARTEN: SPIELARTEN DES TAROT

Das Tarot ist ein Kartendeck, mit dem man Weissagungen vornimmt. Dabei wird in der Regel ein kurzer Blick in Vergangenheit und Gegenwart geworfen, ehe man sich der Zukunft widmet.

Man kann dafür spezielle Tarotkarten nutzen, aber auch einfache Skatkarten können als Tarotdeck fungieren. Letztere machen es jedoch schwerer, eine Aussage zu treffen.

Ursprung: Das Tarot baut auf der griechischen Element- und Archetypenlehre auf, die auch in anderen Divinationsformen genutzt werden. Die Zusammenführung und die Verwendung als Karten sind jedoch eine verhältnismäßig junge Erfindung.

Das erste wirklich belegbare Tarot in unserem heutigen Sinne stammt aus dem 14. Jahrhundert. Mit dem ersten Auftreten verbreitete es sich rasch in ganz Europa. Wie das Senet hielt auch das Tarot zu einem gewissen Teil Einzug in die Gesellschaft als

Spiel. Die allseits bekannten Spielkarten sind im Endeffekt ein Abbild der kleinen Arkana, sprich der Elementkarten.

Die Karten: Das Tarot kennt verschiedene Zusammenstellungen. Klassisch für umfangreiche Legungen ist ein Tarot aus einer kleinen und einer großen Arkana.

Die große Arkana besteht aus den Archetypen, während die kleine Arkana die Elemente und ihre Ausprägungen darstellt.

Es gibt aber auch Decks, die nur aus der großen oder nur aus der kleinen Arkana bestehen. Vor allem moderne Tarots brechen mit den klassischen Formen oder kombinieren sie mit religiösen Systemen, die zwar in sich ebenfalls eine Divinationsform darstellen, aber ansonsten mit dem Tarot nicht viel gemein haben.

Manchmal bekommt man das Gefühl, das alles, was irgendwie als Divination mit Karten angeboten wird, unter dem Begriff Tarot abgelegt wird, auch wenn es eigentlich etwas anderes ist. Ein Beispiel dafür sind das keltische Ogham, ein Baumorakel, das eigentlich zur Geomantie gehört, und die Divination mit Runen, welche eigentlich in Steine geritzt als Wurforakel der Sortion zuzurechnen ist. Sogar das chinesische I Ging habe ich schon unter I Ging Tarot gefunden, obwohl es, wie die Runen, eindeutig eine Sortion darstellt.

EINE TASSE TEE GEFÄLLIG: DIE KUNST DES SATZES

Die Tasseographie, also das Lesen aus Teeblättern oder Kaffeesatz, war um 1900 sehr beliebt, auch wenn sie schon älter ist. Auch heute noch stellt sie eine sehr bekannte Form dar, wird aber dank Teebeuteln, Kaffeefilter und Co. nicht mehr so oft genutzt.

Der Fragende trinkt eine Tasse Tee oder Kaffee fast aus, dieser Rest wird im Uhrzeigersinn geschwenkt, sodass sich die Teeblätter bzw. der Kaffeesatz an den Tassenrändern absetzt. Dann vorsichtig den Rest leeren. Die abgesetzten Blätter bzw. den Kaffeesatz betrachtet man nun genau und versucht, Bilder zu erkennen. In der Regel sucht man zuerst nach Archetypen und Element-Symbolen, aber auch numerische Auffälligkeiten werden beachtet. In zweiter Linie schaut man nach allen Bildern, die einem sonst noch auffallen, und nimmt diese in die Interpretation mit hinein.

DIE WISSENSCHAFT DER ASTROLOGIE

Die Astrologie mit ihrer Deutung der Sterne und Planeten basiert auf dem hermetischen Prinzip, „Wie oben so unten", der Makrokosmos entspricht dem Mikrokosmos und umgekehrt. Man geht also davon aus, dass Himmelsereignisse Ereignissen auf der Erde und damit im Leben der Menschen entsprechen.

Die westliche Astrologie hat ihren Ursprung in Mesopotamien und wurde von den Griechen verfeinert und erweitert.

Das Einfache und zugleich Komplizierte an der Astrologie ist die Tatsache, dass es nur wenig mediale Begabung benötigt, um sie auszuüben, stattdessen ist ein längeres Studium der Tierkreiszeichen, Planetenbewegung sowie ihrer geometrischen Beziehungen erforderlich. Früher war außerdem ein umfassendes mathematisches Verständnis vonnöten, da die Stellung der Planeten in den Tierkreiszeichen berechnet werden musste, und zwar in Beziehung zu Uhrzeit und geografischem Ort – über die Jahrhunderte ein sehr kompliziertes Unterfangen, das gute mathematische Kenntnisse voraussetzte. Heutzutage haben wir es einfacher. Die

Berechnungen werden uns durch diverse Computer-programme abgenommen, wodurch „nur noch" die geometrischen Beziehungen betrachtet und die Stellungen der Planeten interpretiert werden müssen – was allerdings immer noch eine Menge ist, die man lernen muss. Der intuitive Interpretationsspielraum, den andere Divinationssysteme aufweisen, ist bei der Astrologie relativ gering.

Erwähnenswert sind auch die voneinander unabhängig entstandenen astrologischen Systeme. Neben unserem westlichen System gibt es auch noch die chinesische Astrologie, die ayurvedische Astrologie und die Kalender der Maya, die astrologische Komponenten beinhalten.

Horoskoparten

In der Regel werden vier Arten von Horoskopen angefertigt.

Das **Geburtshoroskop**, auch **Radix** genannt, ist die Grundlage für die Beschreibung menschlicher Eigenschaften und die Basis des Weges oder Schicksals des Menschen, der Ereignisse oder der Gemeinschaft, für den bzw. die dieses Horoskop erstellt wurde.

Es ist eine genaue grafische Darstellung der Gestirne zu diesem einen Zeitpunkt.

Erstellt man für dieselbe Person ein weiteres Horoskop zu einem anderen Zeitpunkt und fügt dieses mit dem Geburtshoroskop zusammen, erhält man das Transithoroskop, aus dem man Hindernisse, Konflikte, aber auch Harmonien ablesen kann, die zum zweiten Zeitpunkt aktuell sind.

Das **Elektionshoroskop** hingegen wird für einen beliebigen Zeitpunkt in der Zukunft erstellt. Es soll helfen, geplante Unternehmungen unter eine günstige Sternenkonstellation zu stellen. Im Mittelalter wurden politische Entscheidungen, Verhandlungen und auch Kriege so terminiert.

Das **Partnerschaftshoroskop**, auch **Synastrie** genannt, gibt Aufschluss über Beziehungen zwischen Menschen, Institutionen und/oder Staaten. Es wurde genutzt, um den perfekten Ehe- oder Geschäftspartner zu finden, und es wird auch heute für Beziehungsfragen eingesetzt.

Aufgrund der Komplexität der Astrologie wird auf diese in diesem Buch nicht mehr weiter eingegangen.

HÖREN, SEHEN, VERSTEHEN? – MEDIALE VERANLAGUNGEN

Ein Medium kann mit verschiedenen Techniken Kontakt zu Wesen oder Begebenheiten aufnehmen. In der Regel wird dazu ein tranceähnlicher Zustand benötigt, der durch die Fixierung auf einen Punkt oder durch eine meditative Leerung des Geistes erreicht wird, es gibt aber auch die Variante der Drogen-induzierten Trance.

Es gibt dabei verschiedene Arten der medialen Übertragung. Berühmt berüchtigt ist die Séance, bei der das Medium seinen Körper freigibt und einen Geist oder ein anderes Wesen durch sich sprechen lässt. Diese Spezialform ist aber nur selten der Fall. Meistens ist es eine visuelle Kommunikation, in der das Medium Bilder in einem Fixpunkt sieht, die es dann beschreibt und/oder interpretiert.

Auch gibt es die Audiokommunikation, in der das Medium die Fragen und Antworten weiterleitet.

Nicht ganz so häufig sind Schriftmedien. Hier wird die Hand von einem Wesen geführt, während das Medium in Trance ist. Es erfolgt eine schriftliche Kommunikation oder auch eine Bildliche via Zeichnungen.

Mediale Hilfsmittel

Das berühmteste Hilfsmittel ist die Kristallkugel. Das Medium fixiert sich auf die Mitte einer vollkommenen Kugel. Sie darf keine Einschlüsse oder Luftblasen enthalten, da diese vom Bild ablenken oder es verfälschen könnten.

Solche makellosen Kristallkugeln sind recht teuer, aber es gibt eine Alternative, die man zum Üben nutzen kann. Hat man eine kugelrunde Vase aus klarem Glas, kann man diese mit Wasser füllen und erhält denselben Effekt. Wenn man sie dann auf einen dunklen Untergrund stellt, hat man ähnliche Ergebnisse wie mit einer Kristallkugel.

Ebenfalls nicht ganz unbekannt ist das Quija-Board, zu Deutsch Hexenbrett. Es wird in der Regel für Nekromantie, also für die Befragung von Toten, verwendet. Auch die Kommunikation mit anderen Wesenheiten ist darüber möglich. Da es nicht viel Begabung braucht, es zu verwenden, ist es leider bei Anfängern sehr beliebt, es hat jedoch seine Tücken und wird daher in der professionellen und semiprofessionellen Divination nicht benutzt. Ich möchte hiermit ausdrücklich vor dem Gebrauch warnen. Im Gegensatz zu Senet und Tarot, die ja auch als Spiele fungieren, ist das Quija-Board kein Spielzeug.

DIE ELEMENTE ALS FIXPUNKTE
DER VORHERSAGE

Wie im Tarot handelt es sich auch hier nicht um die chemischen Elemente, sondern um die von den Griechen formulierten Bestandteile der Existenz, also Feuer, Wasser, Luft und Erde. Auch der Geist oder Aether kann ein Fixpunkt sein, wird aber in der Regel nicht als solcher bezeichnet.

Feuer

Das geläufigste Hilfsmittel des Elementes Feuer ist die Kerzenflamme. Wenn man sich auf das heiße Zentrum fixiert, also auf die Stelle der Flamme, die leicht bläulich erscheint, erhält man einen sehr angenehmen Fixpunkt. Wichtig ist dabei, dass die Umgebung relativ dunkel ist, da man so die verschiedenen Farbschichten der Flamme besser erfassen kann.

Eine weitere Methode des Feuers ist die Dokumentation und Interpretation von Gewittern. Die Blitze zählen zum Element Feuer und können nach Häufigkeit und Erscheinung interpretiert werden. Das ist natürlich nicht ganz praktisch, da man nicht jedes Mal auf ein Gewitter warten kann, um eine Vorhersage zu treffen. Alternativ kann man aber auch mit Blitzgeneratoren arbeiten. Diese gibt es in kleinen ungefährlichen Formaten, bei denen die elektrische Spannung mittels Elektrostatik erzeugt wird. Der eine oder andere kennt das aus dem Physikunterricht.

Auch ein Lagerfeuer oder Kaminfeuer ist zur Divination geeignet, aber aus Mangel an Möglichkeiten heute nicht mehr üblich. Feuer aus Gas oder Öl sind hingegen ungeeignet, da sie aufgrund ihres Farbspektrums sehr wenig Tiefe haben. Auch Kohle ist sehr schwierig, da es schon ein richtiges Schmiedefeuer braucht, um genügend Spektren zu erhalten, die man fokussieren kann.

Wasser

Hydratoskopie ist das Fachwort für die Divination mit dem Element Wasser. Genau genommen gehört die unter medialen Hilfsmitteln erwähnte, mit Wasser gefüllte Vase hier hinein, aber sie ist nicht die einzige Variante.

Jedes Gewässer kann beobachtet werden, von der Quelle bis zur Mündung sind fließende Gewässer für das geübte Medium ein offenes Buch. Wirbel, Kanten, Ruhezonen, Treibgut, Lebewesen – das fließende Gewässer wird zum Abbild des Lebens und der Lebenszeit, die vor sich hinströmt und ebenfalls

Wirbel bildet, sich an Kanten reibt, die Steine schleift oder Treibgut mit sich reißt.

Im Winter kann man die Form der Eisbildung, Eisschollen und Einschlüsse im Eis zur Divination heranziehen. Vor allem in Regionen mit langem hartem Winter, wie in den Polarregionen, werden 20-30 Formen von Schnee und Eis unterschieden, deren Verlauf man entsprechend betrachten und interpretieren kann.

Etwas spielerischer ist die Variante, bei der die Form und Anzahl von Regenpfützen interpretiert wird. Vor allem in Regenwaldregionen oder Gegenden mit regelmäßigem Monsun ist das verbreitet.

Luft

Die Aeroskopie bezeichnet die Divinationsarten, bei denen die Luft zu Hilfe genommen wird. Art und Stärke des Windes, seine Temperaturunterschiede und herangetragene Gerüche werden hier interpretiert.

Auch die Wolkenbildung, ihre Bewegungen und Formen kann man beobachten und interpretieren. Die Betrachtung der Wolkenform ist dabei eine einfache Variante, die Kinder oft spielerisch nutzen. Man interpretiert die Bilder, die die Wolken zeichnen, und ihre Veränderung. Gleicht man sie mit den

Archetypen ab und betrachtet man die Art des Übergangs und die zeitliche Abfolge, kann man durchaus komplexe Informationen erhalten.

Erde

Die Divinationsformen, die die Erde in den Mittelpunkt rücken, nennt man Geomantie. Hier werden Erd- und Felsformationen interpretiert. Es können aber auch Bewuchsformen, durch Regen eingewaschene Linien, heruntergefallene Äste oder andere Gegenstände auf dem Boden interpretiert werden. Eine moderne Variante der Geomantie ist die „Punktierkunst". Bei dieser werden, mit geschlossenen Augen, Punkte auf ein Blatt Papier übertragen und interpretiert.

DER TRAUM ALS SPIEGEL DER WAHRHEIT: ONEIROMANTIE

Oneiromantie beschäftigt sich mit der Interpretation von Träumen und Alpträumen.

Die prophetische Bedeutung von Träumen ist schon lange bekannt. Die meisten Menschen erinnern sich nicht oder nur sehr kurz an ihre Träume. Entsprechend fällt es auf, wenn ein Traum so eindringlich ist, dass er erinnert werden kann. Dies sind die Träume, die wichtige Botschaften enthalten.

Bereits die Griechen haben sich wissenschaftlich mit dem Thema auseinandergesetzt. Die älteste ausführliche Publikation über die Deutung von Träumen und der Weissagung trägt den Titel Oneirokritika.

Nicht nur die Divination nutzt die Interpretation von Träumen. Heutzutage findet sie vor allem in der Psychologie und Psychotherapie Anwendung. In der Psychologie geht man davon aus, dass Träume Spiegel des Unterbewusstseins sind und entsprechend auf die Ursache psychischer Störungen Hinweise geben.

TABULA SMARAGDINA: ZAHLENSPIELE DER HERMETIK UND KABBALA

Bereits bei der Astrologie habe ich das hermetische Prinzip „Wie oben so unten", also die relative Gleichheit des Makrokosmos im Mikrokosmos, erwähnt. Dieses Prinzip stammt von der legendären Tabula Smaragdina, der Smaragdtafel.

Angeblich soll die Tabula Smaragdina eine Weisheit aus altägyptischer Teit sein, doch erst im hellenistischen Ägypten tauchen erste Schriften des

Autors, der Hermes Trismegistos genannt wird, auf. Um diesen Dreifachen Hermes ranken sich viele Mythen und Legenden und es ist nicht wirklich klar, ob es sich wirklich um eine einzelne Person oder eine Personengruppe handelt, die diese Schriften verfasst hat bzw. haben.

Die Texte handeln von Astrologie, Medizin, Magie sowie von religiös philosophischen Themen. In den ältesten Texten wird von einem Dialog zwischen besagtem Hermes Trismegistos und der Göttin Isis berichtet. Entsprechend scheint es sich um medial erfahrenes Wissen zu handeln.

Die hermetische Tradition blieb bis ins 7. Jahrhundert lebendig, ehe sie einschlief. Die Überlieferungen wurden von arabischen Gelehrten übersetzt und weitergegeben, ehe sie im Mittelalter nach Europa fanden. Dort wurden die verbotenen Schriften vor allem im Kreise der Alchemisten genutzt und in Verbindung mit kabbalistischen Lehren weiterentwickelt. Mit der Neuzeit traten sie wieder in eine breitere Öffentlichkeit und wurden von okkulten Orden und Gesellschaften in ihre Lehren übernommen.

Zahlen und Buchstaben

Neben der Lehre der Tabula Smaragdina sind die Weiterentwicklung und die Kombination der kabbalistischen Zahlenlehre für uns interessant, denn auch sie hat einen nicht unbedeutenden Einfluss auf die verschiedenen Divinationsmethoden ausgeübt.

Diese Zahlenlehre nennt man auch Numerologie. Man geht davon aus, dass jedes Wort und jede Zahl eine tiefere Bedeutung haben. Mit ihnen kann man Persönlichkeiten erfassen, Eigenschaften tiefergehend betrachten und gute Energien in Ereignisse hineinlegen.

Dabei wird einmal die grafische Aufbereitung, das Enneagramm betrachtet. Bei diesem werden berechnete Zahlen mithilfe eines Neunecks in Beziehung gebracht und diese Beziehung wird interpretiert. Es wird in der sogenannten Typenlehre verwendet.

Für uns interessanter, auch im Hinblick auf die kommenden praktischen Übungen, ist die reine Numerologie. Dabei werden Worte in Zahlen übersetzt und über die Quersummen in händelbare Größen umgewandelt, die man interpretieren kann.

Für diese Interpretation nimmt man die grundlegenden Bedeutungen zur Hand und setzt sie ins Verhältnis zur Frage.

Je nach Technik wird dabei auch die Beziehung zum Fragenden eingesetzt.

Der Fragende wird dabei erfasst, indem die Werte des vollständigen Namens, des Geburtsorts und des Geburtsdatums errechnet werden. Diese dienen auch zu einer ersten Charakterisierung der Person oder des Ereignisses.

Die Bedeutung der Zahlenwerte hat auch in das Tarot Einzug gefunden. In der kleinen Arkana wird die Bedeutung der Zahlkarten mit dem jeweiligen Element kombiniert, zu dem die Zahlkarte gehört.

Divination in 12 Lektionen

In den folgenden zwölf Lektionen wirst Du erfahren, ob und welche Begabungen Du hast bzw. welche Techniken mit Dir kompatibel sind, um Divination zu betreiben.

Wenn Du ernsthaft die Divination als Kunstform für Dich entdecken willst, rate ich Dir, die Aufgaben gewissenhaft durchzuführen und zu dokumentieren. Es gibt Techniken, die mehr Begabung erfordern, und andere, die vor allem mit Lernen im schulischen Sinne einhergehen. Was Du immer benötigst, ist Auffassungsgabe und die Fähigkeit, Ergebnisse auf die Fragen zu beziehen, die Du hattest. Zu Beginn ist das nicht einfach. Aber wie bei allen Künsten und Berufen macht auch bei der Divination Übung den Meister.

Also gib nicht gleich auf, wenn einmal etwas nicht so funktioniert, wie Du es Dir wünschst, und probiere alles mindestens zehnmal, ehe Du ein Urteil fällst.

DIE ZWEI GRUNDLEGENDEN STRÖME IN DER DIVINATION

Die erste Lektion ist weniger eine Übung als vielmehr eine Frage nach Deinen Überzeugungen. Denn davon hängt ab, wie Du mit der Divination umgehst und was Du damit erreichen kannst.

Im Umgang mit Divinationstechniken gibt es zwei verschiedene Herangehensweisen:

Die sogenannten **Existenzialisten** sind der Ansicht, dass die Existenz des Lebens mit einem vorbestimmten Schicksal verbunden ist. Dieses ist festgeschrieben und kann von nichts und niemandem geändert werden.

Die **Rationalisten** hingegen betrachten das Leben als ein Sein auf zyklischen, miteinander verwobenen Pfaden. Zwischen diesen Pfaden kann man wechseln. Kennt man das Schicksal, das einen erwartet, kann man seine Schritte in eine andere Richtung lenken, um einen anderen Pfad mit einem anderen Schicksal zu beschreiten.

Deswegen ist auch der Umgang mit der Divination unterschiedlich. Ein Existentialist will wissen, was passiert, um sich vorzubereiten und dann der Dinge, die da kommen, zu harren, der Rationalist hingegen will die Zukunft des Pfades kennen, um aus freiem Willen zu entscheiden, ob er ihn weiter geht oder ein anderer Pfad der bessere ist.

Für den Wahrsager ist der zweite interessanter, da er oftmals nach komplexeren Themen fragt: Was passiert, wenn meine Entscheidung so oder so lautet?

Bist Du jedoch selbst ein Existentialist, wird es Dir schwerfallen, diese Frage zu beantworten, da Dein unterbewusstes Glaubensgerüst immer Einfluss auf Deine Interpretationen und damit auf Deine Antworten nimmt.

Entsprechend ist die erste Aufgabe, Dich mit beiden Wegen auseinanderzusetzen.

Mache eine Tabelle und schreibe spontan zu beiden Wegen Deine Gedanken auf.

Denke dabei nicht zu viel nach, sondern achte darauf, dass Du nur spontane Gedanken verschriftlichst.

Nimm die Tabelle eine Woche lang überall mit hin und schreibe jeden Gedanken, der Dir dazu in den Sinn kommt, sofort auf, ohne darüber nachzudenken.

Am Ende der Woche nimmst Du die Tabelle zur Hand und betrachtest Deine Gedanken. Welche Argumente hast Du für den einen oder anderen Weg oder eben gegen diesen? Hast Du Dich wirklich an die Anweisung gehalten und ohne näheres Nachdenken die Geistesblitze festgehalten, so hast Du ein gutes Bild Deiner unterbewussten Überzeugung erhalten.

Und? Was ist Deine Überzeugung? Bist Du ein Existentialist oder ein Rationalist?

ERKENNE DICH SELBST

Welcher Strömung Du angehörst, ist nur ein Teil Deiner Selbst, der Einfluss auf Deine Divinationskunst nimmt. Entsprechend ist es wichtig, erst einmal ein bisschen über sich selbst zu erfahren, ehe wir tiefer in die Divination einsteigen.

Du bist derjenige, der interpretiert, also die endgültige Aussage trifft. Die Techniken sind nur die Hilfsmittel, um ein Bild zu erhalten, das dann interpretiert werden kann. Damit Deine Wünsche und Sehnsüchte nicht aus Versehen in den Bildern anderer landen, solltest Du Dir ihrer bewusst sein und erkennen, wenn sie störend auf Deine Kunst einwirken.

Um nun einen ersten Einblick in Dein Selbst zu erhalten, arbeiten wir mit Fragen, die Du wieder spontan und ohne nachzudenken beantwortest – selbstverständlich schriftlich, denn nur dann können wir Gedanken wirklich festhalten und abgleichen.

Was macht Dich glücklich?

Wovor hast Du die meiste Angst?

Was ist Deine größte Liebe?

Was macht Dich wütend?

Was begehrst Du tief in Deinem Herzen?

Was willst Du erreichen in Deinem Leben?

Was ist Dein größter Traum?

Was ist Dein größter Alptraum?

Wenn Du die Fragen einmal spontan beantwortet hast, lege sie weg. Wenn Du für eine Frage keine Antwort hattest, ist das nicht schlimm, wir kommen darauf zurück.

Um Dich besser kennenzulernen und Deine spontanen Antworten näher zu prüfen, wenden wir nun eine Technik an, die Du für viele Divinationstechniken nutzen kannst und die Dir auch den Weg in die Trance ebnen kann.

Meditation und Atemtechniken

Meditation hört sich für viele erst einmal abschreckend an. Man stellt sich vor, wie buddhistische Mönche im Lotossitz da sitzen und Mantren zitieren oder still sind und nichts tun. Doch das ist nicht ganz richtig. Dies ist nur eine Form der Meditation.

Im Endeffekt geht es bei Meditation um Achtsamkeit, also um das bewusste Fokussieren auf das, was man tut, und das ist genau das, was wir während der Divination benötigen.

Wir leeren den Geist und üben ganz bewusst die Technik aus, mit der wir die Frage beantworten. Nur die Frage und die Technik sind im Bewusstsein. Ziel ist, dass nur Gedanken an die Oberfläche kommen, die mit der Frage etwas zu tun haben. So erreichen wir eine Interpretation, die nicht durch andere Gedanken verfälscht wird.

Da es vielen Menschen schwerfällt, sich auf die Gedankenleere und damit auf die absolute Konzentration auf die aktuelle Tätigkeit einzulassen, starten wir mit einigen kleinen Übungen, die uns näher an die Meditation heranführen, ohne den Fokus zu eng zu legen.

Einstiegsübungen in die Meditation

1. Löse Kreuzworträtsel – hört sich erst einmal merkwürdig an, aber das schult die Konzentrationsfähigkeit. Außerdem tust Du was für Deine Allgemeinbildung. Natürlich kannst Du auch statt Kreuzworträtsel Sudoku, Gitterrätsel oder auch Suchrätsel machen. Bei all diesen Rätseln ist eine gewisse Konzentrationsfähigkeit gefragt, die wir benötigen.

2. Nimm ein Bild, ein Gemälde, eine Zeichnung oder auch eine Tarotkarte und versuche, zu beschreiben, was Du siehst. Benenne Farben, Formen, Symbole, aber auch Figuren, Gefühle und Hintergründe. Neben der Schärfung der Konzentration ist dies eine gute Vorübung für viele Divinationsformen. Das Erfassen eines Bildes mit seinen Bestandteilen ist wichtig, um dieses dann interpretieren zu können.

3. Lese ein paar Seiten, lege sie dann weg und denke über das Gelesene nach. Versuche, den Inhalt in Bildern zu reflektieren. Denke über die verwendete Sprache, Perspektive und Stilmittel nach und stelle Hypothesen über den Autor an. Vergleiche Deine Hypothesen mit der Biografie des Autors. Diese Übung trainiert zielgerichtetes Denken und verbessert das Gedächtnis. Ganz nebenbei lernst Du das Einschätzen von Menschen aufgrund weniger

Informationen. Wichtig ist das Thema, wenn Du mediale Kontakte zu Wesen bekommst. Anhand ihrer Art, zu kommunizieren, kannst Du einschätzen, welcher Wahrheitsgehalt von ihnen ausgeht.

4. Für diese Übung benötigst Du eine mechanische Uhr. Setze Dich locker hin, etwa 30 cm von der Uhr entfernt. Konzentriere Dich auf das Ticken der Uhr. Wenn die Gedanken abschweifen, kehre zum Ticken zurück. Mache die Übung regelmäßig und stelle fest, wie weit Du Deine Konzentrationsfähigkeit ausdehnen kannst. Hier haben wir die erste Vorstufe der Meditation und Divination – die Konzentration auf einen Reiz, in diesem Fall ein akustischer.

5. Höre Dein Lieblingslied und lasse Dich mit der Musik treiben. Konzentriere Dich nur auf das Lied. Versuche, darin zu versinken. Versuche dann, einem einzelnen Instrument zu folgen. Blende alles andere aus und höre nur dieses Instrument. Folge seiner Melodie und versuche, sie komplett zu erfassen. Hast Du ein Instrument durch, mache einen neuen Durchgang, bei dem Du Dich auf ein anderes Instrument konzentrierst. Wenn Du Dein Lieblingslied ein paar Mal durch hast, nimm andere Lieder, vielleicht auch Stücke, die eigentlich nicht so Deins sind und bei denen Du Dich mehr anstrengen musst, Dich darauf einzulassen. Diese Übung schärft das Gehör. Solltest

Du tatsächlich die Begabung haben, Deine Informationen akustisch zu erhalten, ist es wichtig, Stimmen und Geräusche aus dem allgemeinen Hintergrundrauschen herauszufiltern.

6. Wieder locker hinsetzen. Schließe Augen und Ohren, um nicht von Äußerlichkeiten abgelenkt zu werden. Solange Du noch nicht gelernt hast, Geräusche von außen auszublenden, nutze Ohropax oder Watte als Hilfsmittel. Nun höre in Dich hinein und erforsche die Geräusche Deines Körpers. Wie viele verschiedene Geräusche gibt es? Nachdem Du den verschiedenen Geräuschen nachgespürt hast, konzentriere Dich auf ein einziges Geräusch und folge ihm eine Weile.

7. Zuletzt verschärfen wir die Übung ein wenig. Konzentriere Dich erneut auf die Geräusche deines Körpers und suche Dir eines aus, dem du folgen willst. Lenke nun Deine Aufmerksamkeit darauf, das Geräusch nur noch mit einem Ohr wahrzunehmen. Wenn das geklappt hat, versuche, das Geräusch auf das andere Ohr wandern zu lassen. Hat es funktioniert, schicke es wieder auf das erste Ohr.

Glückwunsch, wenn Du alle Übungen erfolgreich bestanden hast, bist Du bereits mitten in der Meditation und Fokussierung angelangt.

Deine Konzentrationsfähigkeit verbessert sich,

genauso wie sich Deine Wahrnehmung schärft. Das ist die Grundlage für alle Formen der Divination.

Um unseren Fokus noch weiter zu schärfen, nehmen wir nun die Atemübungen hinzu.

Es werden drei Arten des Atems unterschieden:

Die Erweckung des Atems, bei der man sich die Bewegung, die mit dem Atmen einhergeht, bewusst macht. Du lernst die beteiligten Muskeln und Räume kennen und du lernst, diese aktiv zu steuern.

Die Pflege des Atems folgt der Erweckung. Wenn Du weißt, wie die Atmung bewusst funktioniert, überlässt Du die Bewegung wieder Deinem Körper und folgst stattdessen dem Luftstrom und seinen Informationen.

Der meisterliche Atem entsteht mit der Zeit von selbst. Haben wir lange genug bewusst Frequenzen der Luftströme verinnerlicht, gehen sie in unser natürliches Verhalten über. Wir werden uns in jeder Situation unserer Atmung bewusst und begreifen die natürliche Ordnung, die dahintersteht.

Übungen zum Atem

Im Rahmen dieses Buches können wir natürlich nicht bis in die Tiefen der Atemübungen eindringen, dafür empfehle ich entsprechende Bücher oder einen Kurs in Meditation. Für unsere Zwecke ist es wichtig, den Atem bewusst zu erfassen und die Energien, die die Luftströme beinhalten, aktiv zu nutzen.

Ob Du sitzt, stehst oder liegst, ist egal. Du kannst die Übungen auch im Bett vor dem Schlafengehen machen, da sie das Einschlafen fördern.

1. Lege eine Hand auf den Bauch und eine auf den Brustkorb. Atme nun ein, fülle dabei zuerst den Brustkorb, dann den Bauch. Die Hände helfen dir, den Weg zu kontrollieren.

Halte kurz den Atem an, ehe Du wieder ausatmest. Entleere dabei erst den Bauch und dann den Brustkorb. Halte wieder kurz den Atem an, ehe Du den nächsten bewussten Atemzug machst.

2. Bei dieser Übung wollen wir nicht nur die Atmung selbst, sondern auch ihre Dauer aktiv beeinflussen, indem wir die Dauer an eine Zählung knüpfen. Wir starten mit einem kurzen Intervall. Atme durch die Nase ein und zähle dabei langsam bis drei. Halte dann den Atem an und zähle langsam bis eins. Atme dann Durch den Mund aus, während Du wieder langsam erneut bis drei zählst. Halte dann wieder

auf eins den Atem an.

Variiere die Übung, indem Du das Atemintervall auf fünf und später auf sieben erhöhst. Die Pausen erhöhst Du entsprechend auf zwei und drei.

3. Nun kommen wir zum Mantra. Im Endeffekt ist das auch eine Atemübung. Das Mantra wird entsprechend der Atmung beim Ein- und Ausatmen intoniert. Beim Einatmen etwas zu intonieren, ist ungewohnt, da wir in der Regel beim Sprechen ausatmen.

Konzentriere Dich entsprechend ganz genau auf das Zusammenspiel des Mantras mit der Atmung.

Du nimmst erst einmal zum Üben ein ganz klassisches Mantra: Ohm Mani padme Hum.

Wir atmen bei Ohm Mani Padme ein und bei Hum aus. Es wird entsprechend lang gezogen und geht dann in die Pause über. Diese wird in der Regel mit dem Weiterschieben einer Perle auf der Gebetskette gezählt, alternativ kannst Du ein Armband aus Perlen nehmen, auf dem Dein Finger immer eine Perle weiterwandern lässt nach dem Mantra. Du kannst sie aber auch einfach bewusst geschehen lassen.

Reflexion

Wenn Du hier angelangt bist, solltest Du die vorhergehenden Übungen eine Weile gemacht haben. Nun zeige ich Dir, wie diese Techniken eingesetzt werden, indem wir die Fragen vom Anfang dieser Lektion erneut betrachten. Nimm also Deine Aufzeichnungen zur Hand, wähle eine Frage aus und gebe ihr einen Rhythmus.

Ich zeige Dir an einem Beispiel, wie Du nun vorgehst, bearbeite die anderen Fragen analog.

Intoniere beim Einatmen, „Was macht mich", schließe die Augen und halte kurz inne, ehe Du beim Ausatmen laut und deutlich, „glücklich?", intonierst.

Du konzentrierst Dich voll auf die Atmung und die Frage als Dein Mantra.

Wiederhole es 10 Mal, dann erlaube Deinen Gedanken, sich zu formulieren. Schreibe auf, was Dir Durch den Kopf schießt – ohne Wertung.

Wiederhole die Übung mindestens 10 Mal mit jeder Frage.

Hast Du alle Übungen hinter Dir – und wirklich erst dann –, schaust Du Dir Deine Antworten bewusst an. Na, erlebst Du ein Paar Überraschungen?

ASSOZIATIONSKETTEN

Wie schon mehrfach erwähnt, ist Divination zu einem großen Teil die Interpretation von etwas, dass Dir durch eine der Techniken vorgelegt wird – sei es eine Aussage des I Ging, der Verlauf des Senet-Spiels oder eben das Bild einer Tarot-Karte. Natürlich gibt es zu allem eine gewisse Anleitung, die Dir eine Richtung vorgibt, doch im Endeffekt musst Du die Zusammenhänge zwischen diesen allgemeinen Informationen und der Frage herstellen. Das ist nichts, worüber man lange nachdenken sollte. Nein, Antworten und Zusammenhänge sollten immer spontan kommen. Der erste spontane Gedanke ist der richtige, jedes weitere Nachdenken verwässert ihn und macht die Aussage ungenau.

In dieser Lektion werden wir entsprechend üben, spontan zu arbeiten. Das gelingt in der Regel recht gut, indem man Assoziationsketten strickt.

Dabei wirst Du die Assoziationsketten auf zwei Arten bearbeiten einmal ohne Vorbereitung und einmal, indem Du die in der vorherigen Lektion angewandte Mantra-Atemtechnik nutzt. Am Ende möchte ich, dass Du die Kettenlänge und auch deren Qualität vergleichst, denn sie gibt einen ersten Hinweis darauf, ob in Dir verborgene Talente schlummern, die wir für die Divination einsetzen können.

Du bekommst eine Liste mit Worten. Zu jedem Wort schreibst Du eine Assoziationskette auf. Zum Beispiel Startpunkt Liebe: Herz, Schmerz, Leidenschaft ...Führe die Kette so lange fort, bis Dir nichts mehr spontan einfällt.

Für das Mantra benutzt Du beim Einatmen „Was gehört zu/r/m", ehe Du beim Ausatmen das Startwort laut und deutlich aussprichst.

Ich, Du, Wir
Gesellschaft, Sozial, Welt
Wirtschaft, Global, Stellar
Tiefe, Raum, Zeit
Sonne, Planeten, Kultur
Wald, Religion, Mut
Gnade, Liebe, Weite
Partnerschaft, Trugbild, Albtraum
Logik, Okkult, Tragik
Komödie, Kondition, Lob

Du kannst selbstverständlich zu weiteren Worten Assoziationsketten erstellen. Je mehr Übung, desto besser.

DIE ELEMENTE

Nun kommen wir zu den Elementen. Sie sind eine wichtige Grundlage für diverse Divinationstechniken. Arbeite entsprechend sorgfältig.

Es gibt in der westlichen Philosophie und Divination vier Elemente:

Feuer, Wasser, Luft, Erde

Versuche, Dir zuerst einmal Deiner Gefühle zu diesen Elementen bewusst zu werden. Das kannst Du vereinfachen, indem Du Dich z. B. vor ein Feuer setzt, eine Schale mit Wasser betrachtest, ein Blatt im Wind beobachtest oder Dich einfach auf die blanke Erde setzt. Beantworte folgende Fragen spontan:

Bei welchem Element sind Deine Gefühle am stärksten?

In welches kannst Du ganz eintauchen, Dich darin verlieren?

Welche Arten von Gefühlen erlebst Du?

Bei welchem Element verspürst Du, wie sich Deine Energie verstärkt?

Bei welchem Element hast Du das Gefühl des Schutzes?

Welches Element erweckt ein freundschaftliches Gefühl in Dir?

Nach einer ersten kurzen Betrachtung nutze wieder die Mantra-Technik mit verschiedenen Vorzeichen:

Was bedeutet für mich ...?
Was sagt mir ...?
Welches Gefühl erzeugt ...?

Denke daran, nach dem Mantra spontan aufzuschreiben, was Dir in den Sinn kommt.

Deine Vorlieben sind wichtig, wenn Du Element-Divinationen machen möchtest. Ein Element, das Dich liebevoll umarmt, eignet sich besser für eine Divination in Persönlichen oder Liebesdingen als ein Element, das neutral und logisch auf Dich wirkt. Das ist ein bisschen überspitzt formuliert, aber genau darum geht es bei dieser ersten Elementübung.

Für einige Techniken benötigst Du aber auch die allgemeingültigen Grundbedeutungen der Elemente. Vor allem im Tarot ist es sehr wichtig, diese Grundlage zu beherrschen. Vergleiche die Grundbedeutung mit Deinen Ergebnissen und schaue, ob es Berührungspunkte gibt oder ob Du irgendwo komplett anders denkst, als es die allgemeine Deutung vorgibt. Das zeigt uns, ob es für Dich Sinn macht, eine Technik mit festen vorgegebenen Grundbedeutungen zu erlernen oder nicht.

Element Feuer

Symbol: Stäbe

Symbol im Spielkartendeck: Kreuz oder Eichel

Besondere Qualitäten: Aktion, Wille, Dynamik, Tatkraft, Entschlossenheit, Voranschreiten, Antrieb

Das Feuer erweckt den Krieger in uns, es macht bereit für das, was wichtig ist, und lässt uns offen und frei dafür einstehen. Kein Verleugnen aus Angst oder falscher Rücksichtnahme. Feuer reinigt und läutert, es trennt Wesentliches von Unwesentlichem, Vergängliches von Unvergänglichem. Es transformiert Kälte und Dunkelheit in Wärme und Licht.

Element Wasser

Symbol: Kelche

Symbol im Spielkartendeck: Herz

Besondere Qualitäten: Gefühle, Empfindungen, Sehnsüchte, Sexualität, Beziehung, Hingabe, Anpassung, Aufgabe von Kontrolle, Nähe, Liebe

Das Wasser weckt den Wunsch nach Verschmelzung, das Einlassen auf den Fluss, der sich Leben nennt. Es ermöglicht die innere Öffnung, die uns über alle Bewertungen, Anschuldigungen und moralische

Dogmen hinausgelangen lässt. Wir verbinden uns mit unserem Bedürfnis nach emotionaler Wärme, Berührung, Zärtlichkeit und Zuneigung. Auch das Mitgefühl ist hier beheimatet. Wasser ist die Einladung ohne Kampf und Eigenwilligkeiten, eins mit uns selbst und unseren Gefühlen zu sein.

Element Luft

Symbol: Schwerter

Symbol in Spielkarten: Pik oder Blatt

Besondere Qualitäten: Kommunikation, Austausch, Gedankenkraft, Sprache, geistige Flexibilität, Weite, Freiheit, Fantasie, Übersicht, Planung, Ziele, Intuition und Inspiration

---

Die Luft eröffnet das Potenzial mentaler Klarheit, der Fähigkeit, das Leben von einer höheren Warte aus zu betrachten. Im Zustand geistiger Freiheit treffen wir die richtige Entscheidung. Das unbestechliche Auge des Elementes Luft gibt uns die Möglichkeit, im Reservoir unseres unbegrenzten, intuitiven Wissens zu forschen und uns zeigen zu lassen, was gerade in dieser Situation an Hinweisen und Impulsen nötig ist. Die Erkundung der Herzenswünsche mit der Kraft der Gedanken und der Inspiration ermöglicht es uns, Entscheidungen zu treffen sowie klare Absichten und Ziele zu formulieren.

> **Element Erde**
> Symbol: Münzen oder Scheiben
> Symbol im Spielkartendeck: Karo oder Schellen
> Besondere Qualitäten: materieller Besitz, Körper, Körperlichkeit, Ernährung, Wohnung, Kleidung, Geld

Die Erde gilt als das Symbol von allem Beständigen. Sie steht für Festigkeit, Verwurzelung, Sicherheit, Konsistenz, Ordnung, Standfestigkeit, Stabilität und Naturverbundenheit. Körper aus Fleisch und Blut geben uns die Möglichkeit, die Erfahrung der Dualität zu machen und Materie zu erfassen. Die Erde versorgt uns dazu mit Kleidung, Nahrung und Heimat. Was die Erde uns gibt, unterstützt uns, unsere Ziele zu erreichen. Sie gibt uns Rückhalt.

Schreibe Dir zu diesen Erläuterungen eigene Gedanken auf und versuche, Unterschiede und Gemeinsamkeiten zu denen von Dir zuvor niedergeschriebenen Assoziationen zu finden.

DER ERSTE VERSUCH: DAS SPIEL

Lass uns eine Runde spielen. Nimm ein „Mensch Ärgere Dich nicht"-Brett oder male Dir eines auf, wenn Du keines zur Hand hast. Du benötigst mindestens zwei Figurensätze. Jede der vier Figuren eines Satzes wird nun einem Element zugeordnet, markiere die Figuren also mit Feuer, Wasser, Luft und Erde, aber so, dass Du während des Spiels die Markierungen nicht sehen kannst. Am einfachsten geht das mit Holzfiguren, die Du unten am Boden markierst, bei Plastikpöppeln auf der Innenseite des Hohlkegels.

Lege Dir Stift und Zettel neben hin, da der Verlauf des Spiels aufgezeichnet wird.

Als erstes Übungsspiel nimm eine Frage, deren Antwort Du eigentlich kennst, etwa „Wie war mein erstes Schuljahr?" oder „Wie war das Jahr 1980 für mich?".

Nun spiele entweder gegen Dich selbst oder jemand anderen.

Die Regeln sind wie folgt:
Es darf geschlagen werden, muss aber nicht! Stehen drei Figuren derselben Farbe hintereinander, ergibt das eine Blockade. Man darf dann nur die hinterste Figur schlagen, die anderen beiden Figuren sind safe.

Zudem kann man die Blockade nicht überspringen, egal, welche Zahl der Würfel hergibt.

Erreicht man eine der inneren Ecken, darf man auf die schräg gegenüberliegende Seite wechseln, muss es aber nicht.

Das Spiel ist wie üblich beendet, sobald einer der Spieler alle Figuren im Haus hat.

Was Du aufschreiben solltest: Blockaden, Würfe und Abkürzungen in der Reihenfolge, in der sie auftreten. Am Ende schreibst Du die Elemente der Figuren auf, die das Haus erreichten, und in welcher Reihenfolge sie standen.

Der Verlauf des Spiels spiegelt den Verlauf des entsprechenden Jahres wider, die Figuren im Haus geben das Fazit des Jahres ab. Das Element der ersten Figur war das dominante für das Jahr, das Element der letzten das schwächste.

Betrachte zunächst den Verlauf des Spiels und gleiche ihn mit dem gewählten Jahr ab. Bitte wieder nicht viel nachdenken, sondern, wie immer, spontan Deine Interpretation aufschreiben. Danach betrachtest Du die Elemente und verbindest sie mit Deiner Interpretation.

Wiederhole das mit verschiedenen Jahren aus Deiner Vergangenheit.

Wenn Du 10 Spiele gemacht hast, nimm den

Verlauf des ersten Spiels wieder zur Hand. Diesmal nutze die Mantra-Methode, ehe Du eine erneute spontane Interpretation schreibst. Das Mantra kann lauten: Was war ...? Betrachte beim Ausatmen den Spielverlauf und die Elemente.

Hast Du dies mit allen 10 Spielen gemacht, betrachte die Interpretationen bewusst und vergleiche die erste Interpretation mit der zweiten und reflektiere das entsprechende Jahr gründlich auf Übereinstimmungen. Mitunter geschieht es, dass dabei auch Dinge zutage kommen, die Dir in der betreffenden Situation in diesem Jahr noch nicht klar waren.

DER ZWEITE VERSUCH: DAS PENDEL

Das Pendel ist ein recht einfaches und günstiges Divinationsinstrument. Es eignet sich vor allem für Ja-Nein-Vielleicht-Fragen, ohne dass dafür größere Vorbereitungen getroffen werden müssen. Man kann die Divinationsmöglichkeiten erweitern, indem man halbkreisförmige Schablonen als Pendelunterlage nutzt. Auf diese Art und Weise lassen sich auch komplexere Fragen beantworten. Es lässt wenig Interpretationsraum, dafür ist es aber auch nicht nötig, Bedeutungen von Karten oder Ähnlichem zu lernen.

Allerdings ist es nie so ausführlich wie Tarot oder Ähnliches. Pendel gibt es in vielen unterschiedlichen Größen und Formen. Auch sind verschiedenste Materialien erhältlich – was aber nicht heißt, dass Du Dir gleich ein Pendel kaufen musst, um pendeln zu können. Eigentlich kann man mit jedem Gegenstand pendeln, der einigermaßen rotationssymmetrisch ist, also auch mit einem Anhänger oder einem Ring. Es ist jedoch wichtig, dass man sich mit dem Pendel in der Hand wohlfühlt und das es einen anspricht. Nur dann kann man auch sinnvolle Ergebnisse erzielen.

Das Pendel reagiert auf unbewusste Verbindungen. Ob diese außerkörperlich oder Verbindungen zu einem inneren Wissensspeicher sind, ist dabei erst einmal egal. Zuerst einmal müssen wir ein Antwortschema festlegen.

Male ein Kreuz auf ein Stück Papier. Leere Deinen Geist mit einer gezählten Atemübung. Dann formuliere Dein Mantra: „Was bedeutet .... Ja/Nein?".
Schließe beim Einatmen die Augen, erst beim Ausatmen des entscheidenden Wortes öffnest Du sie und blickst dabei auf das Pendel. Wiederhole den Vorgang jeweils zehnmal.

Notiere Dir am Kreuz, wo die Hauptrichtung von Ja und Nein lag. Solltest Du keine eindeutige

Richtung bekommen, dann kann es sein, dass Dein Geist nicht frei genug war. Starte den Versuch mit einem anderen Pendelkörper von vorn. Solltest Du auch beim fünften Versuch keine eindeutige Richtungstendenz bekommen, kannst Du die Lektion hier abbrechen, dann liegt Dir das Pendeln eindeutig nicht.

Solltest Du eine eindeutige Richtungstendenz erhalten haben, kannst Du nun die erste Ja-Nein-Frage bearbeiten. Dabei ist das Jain, also ein vielleicht oder ungewiss, in der Regel zwischen den Hauptrichtungen oder als kreisende Bewegung wahrzunehmen. Wenn Du das ein wenig geübt hast, steigern wir die Schwierigkeit. Nimm ein Zirkel und ein Geodreieck. Male einen Halbkreis auf und teile mithilfe des Geodreiecks verschiedene Winkel ab. Beginne erst einmal einfach mit drei Einteilungen, also einmal 90° und dann je 45°.

Entscheide nun, was die verschiedenen Richtungen bedeuten sollen. Du könntest Farben verteilen oder mehrere alternative Antworten zu einer Frage. Präge Dir Deine Tafel ein und beginne dann wieder mit Deinem Mantra. Mache jedes Mantra zehnmal und schaue, ob die Richtung des Pendels eindeutig ist oder abweicht und wenn es abweicht, um wie viel.

Wenn es weiterhin klappt, kannst Du das

Schema immer weiter erschweren, indem Du immer mehr mögliche Antworten in Deinen Halbkreis integrierst.

Viele Heilpraktiker pendeln auf diese Art die Zusammenstellung von Bachblüten und anderen homöopathischen Mitteln aus. Dafür verwenden sie sehr detaillierte Pendelschablonen.

BILDARBEIT

Wie in den Grundlagen erwähnt funktionieren sehr viele Techniken mit Bildern. Entweder als Karte, Wolkenformation oder als geistiges Bild, das durch einen Fokus erscheint. Man nennt dies Visualisierung.

Durch den ständigen Konsum an bewegten Bildern fällt es vielen Menschen aber schwer, klare Bilder zu erschaffen oder zu erkennen. Das ist etwas, das man üben kann und sollte.

Die Wiese

Folgende Übung soll Dir einen Einblick verschaffen, wie leicht oder schwer Dir die Visualisierung fällt. Entsprechend solltest Du die am Ende erwähnten Notizen sorgfältig und vor allem ehrlich machen. Selbstbetrug nützt niemandem, am wenigsten Dir selbst. Mache diese Übung zwischendurch immer einmal wieder und halte evtl. Veränderungen, die sich mit fortschreitender Übungszeit ergeben, fest. Das gibt Dir nicht nur den Beweis an die Hand, dass Du besser wirst, es hat auch den psychologischen Nebeneffekt, dass Du durch den Erfolg motiviert wirst, weiterzumachen.

Stelle Dir vor, Du stehst auf einer Wiese.

Es ist früher morgen und der Tau macht das Gras feucht. Erspüre das feuchte Gras mit Deinen Füßen.

Um die Wiese herum stehen Bäume.

Höre die Blätter im Wind rauschen. Der Wind berührt deine Haut, fühle ihn.

Mit Deinen Haaren spielt er. Er lässt Deine Kleider flattern. Irgendwo zwitschern Vögel.

Mit einem Rauschen flattert ein Schwarm auf.

Die Sonne steigt empor.

Du spürst die Wärme ihrer Strahlen.

Irgendwo plätschert ein Bach.

Gebe dich dem gleichmäßigen Ton hin und fühle seine beruhigende Wirkung.

Ein Schmetterling tanzt durch die Luft.

Du schaust ihm eine Weile zu. Strecke die Hand aus.

Der Schmetterling lässt sich auf Dich nieder.

Seine Füßchen kitzeln.

Betrachte seine Flügel in Ruhe. Er fliegt weg.

Blüten fallen vom Himmel.

Erst wenige. Dann immer mehr.

Versuche, die Blüten zu fangen.

Spüre ihre Zerbrechlichkeit. Sie riechen süß belebend. Du fühlst Dich wohl.

Bleibe einige Zeit in dem Blütenmeer.

Nun kehre zurück.

Und, wie war es? Konntest Du bereits beim Lesen des Textes Bilder aufbauen? Dann hast Du ein Talent für das Sehen und kannst Dich an medialen Techniken wie der Kristallkugel oder der Kerzenflamme versuchen.

Wenn Du noch nichts gesehen hast, ist das auch nicht schlimm, die meisten können nicht mit offenen Augen visualisieren.

Mache einfach Folgendes: Nimm den Text auf, dabei sprichst Du beruhigend und langsam. Zur Unterstützung kannst Du leise Musik im Hintergrund einspielen – alles, was Deiner Meinung nach beruhigt und Deine Konzentration fördert. Lasse Dir dabei bitte von niemandem reinreden. Es geht hier um Dich und nicht um Deinen Freund, Deine Freundin oder Deine Mutter. Jeder Mensch sieht andere Musik als beruhigend an. Wenn die Aufnahme Deinen Wünschen gerecht wird, setze oder lege Dich hin. Schließe die Augen und folge der Aufnahme.

Probiere verschiedene Varianten für die Übung. Mache sie mal im Sitzen, mal im Laufen, mal im Stehen oder Liegen. Variiere auch die Aufnahme, sprich mal langsamer, mal schneller, mache mal mehr pausen und mal weniger. Schreibe auf, was Du gesehen und gefühlt hast. Kannst Du den Schmetterling beschreiben? Konntest Du bestimmte Baumarten ausmachen? Welche Farben hatten die Flügel des Schmetterlings?

Bildübungen

Diese Übungen sind besonders für Leute geeignet, die bei der Übung mit der Wiese große Probleme hatten, Bilder zu erzeugen. Das ist kein Drama, sondern Veranlagung. Versuche es einmal mit folgender Übung:

A) In der ersten Übung werden Bilder vorgegeben. Nimm Tarotkarten, Sammelkarten oder suche Dir ein zufälliges Bild bei Facebook oder Instagram aus und speichere es Dir ab.

Je nachdem, wie viel Zeit Du investieren kannst, ziehst Du morgens, mittags und/oder abends je eine Karte oder ein Bild. Betrachte das Bild sehr intensiv. Lege es dann weg.

Schließe dann Deine Augen und versuche, das Bild erneut erscheinen zu lassen.

Welche Gefühle löst das Bild in Dir aus? Was kannst Du alles erkennen?

Schreibe alles auf: War das Bild zu erkennen? Welche Gefühle hattest Du? Wenn Du mit Karten gearbeitet hast, konntest Du die Karte spüren? Wie schwer war sie? Usw.

Du kannst diese Übung auch mit der Mantra-Technik

verbinden, wenn Du möchtest.

B) Drehen wir die Übung um.

Nimm Deine Notizen zur Hand. Wähle eine Aufzeichnung aus und versuche anhand dieser, das zugehörige Bild zu entwickeln. Es muss mit dem Ursprünglichen nicht zu 100 % übereinstimmen. Wichtig ist vielmehr, dass Deine Erlebnisse und Gefühle, die Du bei dem Bild empfunden hast, wieder erscheinen.

Ergänze deine Notizen um Deine neuen Erfahrungen. Gab es Abweichungen? Wenn ja, wo? Welche Gefühle machten Schwierigkeiten? Welche waren einfach? Usw.

Wiederhole die Übung in beiden Richtungen immer wieder, auch wenn Du glaubst, dass Du sie nicht mehr benötigst. Wie ein Sportler oder Tänzer, der immer wieder die gleichen Übungen macht, um in Form zu bleiben und Perfektion zu erlangen, musst auch Du Deine Übungen wiederholen, um die Kunst zu meistern.

Für die Mittagspause

Positiver Nebeneffekt dieser Übungen ist, dass man sich dabei auch hervorragend entspannen kann, insofern man positive Bilder erzeugt. Entsprechend gut eignen sie sich, an anstrengenden Tagen Erholung und Ruhe zu finden.

A) Personen in Deiner Umgebung

Stelle Dir das Gesicht einer Person aus Deiner Familie vor. Familie deshalb, weil es zu Beginn einfacher ist, mit Personen zu arbeiten, denen man starke Gefühle entgegenbringt. Hast Du die Übung einige Male gemacht, kannst Du es mit Personen probieren, die nicht so eng mit dir verbunden sind.

Werde Dir klar darüber, welche Emotionen Du der Person entgegenbringst, deren Gesicht du erscheinen lässt. Stelle Dir die Stimme dieser Person vor und versuche, das Rasierwasser oder Parfum zu riechen, das Du mit ihr in Verbindung bringst. Stelle Dir ihre Hand vor, die Dich berührt, den Händedruck.

Je nachdem, über welche Möglichkeiten Du auf der Arbeit verfügst, schreibe Deine Erlebnisse wieder auf, wie immer. Wenn es nicht gleich möglich ist, versuche, abends die Aufzeichnungen nachzuholen. Das ist übrigens gleichzeitig ein gutes Gedächtnistraining. Auch diese Übung kannst Du gut mit der Mantra-Technik verbinden. Probiere es, wenn möglich, einmal aus.

B) Orte, die dir etwas bedeuten

Diesmal stellst Du Dir einen Ort vor. Beginne mit Orten, denen du starke Emotionen entgegenbringst und die du gut kennst. Am einfachsten sind Orte, an denen Du Dich geborgen fühlst. Nach ein wenig Übung gehe zu Orten, die geringe Bedeutung haben, der Supermarkt, das Kaufhaus oder ein Weg durch den Wald.

Versuche, mit dem Bild auch die Gefühle, die Du diesem Ort entgegenbringst, zu erzeugen. Steht das Bild, dann sieh Dich um, wie viele Details kannst Du erkennen? Streiche über den Schrank oder die Wand und spüre sie. Nimm den Geruch des Ortes wahr, etwa von Omas Apfelkuchen.

Achte auch auf die Stimmen der Personen, die zu diesem Ort gehören. Auch hierzu solltest Du alles entweder gleich, spätestens aber abends zu Hause aufschreiben.

Diese Übungen haben nicht nur den Effekt, besser visualisieren zu können, sondern auch den, dass Du mit der Zeit Deine Umgebung immer bewusster wahrnimmst. Es kann in der Folge vorkommen, dass Du nach einiger Zeit ab und zu Wesen siehst, die Du noch nie zuvor wahrgenommen hast. Das liegt daran, dass Du auf eine ganz neue Art sehen lernst. Eine bewusste Sicht ist für fast alle Divinationstechniken essenziell.

Auch diese Übung kannst Du mit der Mantra-Technik ausprobieren. Vergleiche doch einmal Deine Ergebnisse im Anschluss.

Sehen im Fokus

Hast Du mit den vorherigen Übungen gute Ergebnisse erreicht, kannst Du anfangen, Antworten auf Fragen im Fokus zu suchen.

Nimm Dir dazu eine klare Schüssel, die Du auf einen schwarzen Untergrund stellst, und fülle sie mit Wasser. Überlege dir, wie bei dem Pendel, eine Frage als Mantra und öffne die Augen nur bei dem Ausgeatmeten mit dem wichtigen Teil der Frage. Notiere nach jeder Runde, was Du gesehen hast. Mache für jede Frage 10 Runden. Dabei sollte Dir klar sein, dass es nicht immer dasselbe sein muss, sondern dass die Kombination aus allen Bildern die Antwort sein kann.

Mache dasselbe Experiment mit einer Kerze in einem abgedunkelten Raum sowie mit der Wolkenbeobachtung. Zuletzt experimentierst Du mit Geomantie. Dafür gehst Du am besten eine Runde spazieren und suchst Dir dabei einen Ort, der Dich anspricht. Spreche dort Dein Mantra. Betrachte dann genauer, was Dir als Erstes in den Blick kommt, wenn Du Deine Augen öffnest, und versuche, darin Bilder zu erkennen.

Vergiss nicht, Deine Bilder und Interpretationen aufzuschreiben.

DIE ARCHETYPEN

Was sind eigentlich Archetypen? Archetypen sind allgemeingültige Schemata, die in den meisten Kulturen anerkannt und wiedererkannt werden. So kennt etwa jede Kultur die Sonne und auch eine entsprechende Gottheit, die diese verkörpert. Die Archetypen stehen für gewisse Eigenschaften, aber auch für Handlungsgrundlagen.

Um bei dem Beispiel der Sonne zu bleiben: Die Sonne spendet Licht und Wärme, diese kann aber auch in unerträgliche Hitze mutieren. Der Archetyp Sonne ist entsprechend durchaus lichtfreundlich, gibt Wärme und Geborgenheit, kann aber auch besitzergreifend werden und Widerworte scharf bestrafen. Im Zorn kann er verbrennen und tiefe langanhaltende Wunden zufügen. Zwar sagt man, dass Archetypen grundsätzlich gleich zu interpretieren sind, doch dem ist nicht so. Man muss sich nur einmal verschiedene Tarotdecks ansehen und die Interpretationshilfen lesen, um zu sehen, dass mitunter ganz andere Ansätze zum Tragen kommen.

Woran das liegt? Das Prinzip des Archetypus ist so komplex, dass man es kaum in wenigen Sätzen erfassen kann. Darüber hinaus hat jeder Mensch auch noch einen eigenen Erklärungsstrang im Hinterkopf, der sich nicht mit dem anderer Menschen decken muss.

Für Dich bedeutet das, dass Du Dir selbst über die Bedeutung der Archetypen bewusst werden musst. Dazu gebe ich Dir nun die allgemeinen Interpretationen vor.

Diese liest Du Dir durch und machst Dir spontane Notizen dazu, ob etwas für Dich passt oder für Dich unverständlich ist. Bitte nicht weiter darüber nachdenken. Wie immer ist die spontane Idee aus dem Unterbewusstsein die bessere als die bewusste gefasste.

1. Der Narr steht für große Veränderungen, die mitunter sehr chaotisch werden, ehe sich eine neue Struktur herausbildet. Der Narr fordert auf, alle Sorgen und Ängste beiseite zu wischen und den Sprung ins Ungewisse zu wagen.

2. Der Magier fordert dazu auf, die Initiative zu ergreifen, aktiv zu gestalten und Aufgaben anzugehen. Er ist stark in Kommunikation und Interaktion und sollte entsprechend forschen und seine Ergebnisse kommunizieren.

3. Die Hohepriesterin steht für die Intuition, für die innere Stimme, die einen führt. Sie verbindet mit der höheren Welt und lässt Heilenergien und

Ideenimpulse fließen. Sie fordert dazu auf, sich selbst zu vertrauen und Einflüsse von außen außer Acht zu lassen. Unabhängigkeit und Selbstständigkeit sind ihr wichtig.

4. Die Kaiserin oder Herrscherin ist die hohe Mutter, die Fruchtbarkeit bringt und die Lebenskräfte fließen lässt. Die weiblichen Instinkte drängen nach Entfaltung. Nestbau, Harmonie, Geduld und Geborgenheit sind ihre Gaben. Sie hütet Feld und Kind und gibt Nahrung im materiellen wie im geistigen Sinne.

5. Der Kaiser oder Herrscher ist ein nüchterner Betrachter. Er verlangt Ordnung und Konsequenz. Was man beginnt, sollte man auch beenden. Es muss immer ein roter Faden erkennbar sein. Seine Aspekte sind Dynamik, Aktivität und Autorität. Er fordert Durchsetzungsvermögen und verlangt Ängste zu überwinden, um den Weg nach vorne freizumachen.

6. Der Hohepriester ist auf der Suche nach dem tieferen Sinn. Glaube ist für ihn ein Leitbild und er fordert, diesem bedingungslos zu folgen. Die eigene Wahrheit ist das Wichtigste und man sollte sich Menschen öffnen, die einen darin unterstützen.

7. Die Liebenden fordern dazu auf, mit dem Herzen zu entscheiden. Liebevoller Umgang und die

Fokussierung auf Gemeinsamkeiten, die verbinden, sind ihre Gaben. Neben der Beziehung ist auch die Sexualität Thema der Liebenden. Sie wünschen sich die Öffnung für die Liebe für andere, aber auch für sich selbst und auch für Partnerschaften.

8. Der Wagen begibt sich auf den Weg zu einem Neuanfang. Er konzentriert sich auf das Ziel und fordert, sofort loszuziehen, um es zu erreichen. Beende, was war, und starte in einen neuen Lebensabschnitt.

9. Die Gerechtigkeit oder Ausgleichung ist das Sinnbild für Balance. Meist wird sie durch eine Waage dargestellt, die zentriert, also ausgeglichen ist. Sie fordert auf, die eigene Mitte zu finden und meditativ nach innen zu blicken. Kluge Entscheidungen sind gefragt, die das Gleichgewicht herstellen oder erhalten. Die Verantwortung für das Gleichgewicht trägt man immer selbst.

10. Der Eremit zeigt den Weg in das Innere. Man soll in sich gehen und herausfinden, was man wirklich will. Das Alleinsein und die Einkehr, die Stille und Ungestörtheit ermöglichen es, die wirkliche, eigene Wahrheit zu finden. Auch lässt uns der nach innen gerichtete Blick, ohne die Verfälschung durch äußere Einflüsse, das eigene Licht, also die Stärken, aber auch das eigene Dunkel, also die Schwächen, besser erkennen.

11. Das Glück oder auch Rad des Schicksals verkündet eine Wendung, die bevorsteht. Probleme erfahren ihre Lösungen, Fragen erhalten Antworten. Sei offen für alles, nicht, dass Du diese Wende verpasst, weil Du Dich selbst in der Vergangenheit aufhältst.

12. Die Lust oder Kraft gehen mit Leidenschaft und Lebenslust an Probleme heran. Die Energie für den Kampf ist vorhanden. Hingabe eröffnet neue unerforschte Regionen. Lasse Dich von Kraft und Lust leiten, sie sind Teil Deiner inneren Stimme, Deines Instinktes. Freue Dich und feiere Dein Leben.

13. Der Gehängte zeigt, dass sich etwas festgefahren hat. So, wie es jetzt ist, wirst Du nicht weiter kommen. Du musst die Situation neu bewerten. Tritt einen Schritt zurück, nimm Dir Zeit und betrachte alles ganz genau. Nachdem alle Eventualitäten berücksichtigt sind, ändere die Richtung, weg von dem unbrauchbaren Pfad und hin zu neuen blühenden Gefilden.

14. Der Tod zeigt ebenfalls eine verfahrene Situation, doch um sie zu bereinigen, benötigt es den Tod. Das Alte muss jetzt sofort enden, damit daraus etwas Neues entstehen kann. Das ist in der Regel ein schmerzhafter, aber auch ein lebensnotwendiger Prozess. Ohne Tod kein Leben, ohne Leben kein Tod.

15. Die Kunst oder Mäßigkeit setzt die alche-mistische Transformation in Gang. Die richtige Mi-schung macht den Unterschied zwischen Spannun-gen und Harmonie, zwischen Einigkeit und Gegens-ätzen. Gehe gelassen vorwärts und vertraue darauf, dass alles sich zu gegebener Zeit fügen wird, wie ein Gemälde, das nach den ersten Pinselstrichen chao-tisch wirkt, mit Geduld und Harmonie am Ende je-doch zu einem Meisterwerk wird.

16. Der Teufel fordert Dich auf, heraus-zufin-den, was Dich wirklich bewegt. Er bringt Dir das Licht, um das Dunkel zu durchdringen und Deine Schwächen, aber auch Einflüsse, denen Du ausge-setzt bist, zu erkennen. Er gibt Dir die Freiheit, selbst zu entscheiden, ermahnt aber auch zur Achtsamkeit, damit das Wohl aller gewahrt wird. Liebe das Leben mit allem, was dazu gehört. Und lasse los, was Du nicht mehr benötigst in dem Moment, in dem das Le-ben es fordert.

17. Der Turm setzt unbändige Energien frei. Sie befreien Dich aus einer Enge und überwinden Gefan-genschaft. Eine Wandlung wird in Gang gesetzt, die die bisherigen Strukturen des Lebens in seinen Grundfesten erschüttert. Um Freiheit zu erlangen, sind tief greifende, schmerzhafte Veränderungen nö-tig.

18. Der Stern fordert auf, Abstand zu gewinnen und dadurch die Zusammenhänge zu erkennen. Keine Entscheidung, kein Weg ist frei von äußeren Einflüssen. Der Stern will, dass man das große Ganze betrachtet, um die Konsequenzen für sich und andere zu verstehen und zu berücksichtigen. Lasse die kleinen Probleme hinter Dir, blicke von ihnen auf, anstatt Dich in Details zu verstricken, die zwar das kleine Problemchen lösen, aber vielleicht am Ende noch größere Probleme verursachen.

19. Der Mond warnt davor, sich lähmen zu lassen. Man soll behutsam, aber entschlossen voranschreiten und den Silberstreif am Horizont suchen, denn er ist da, auch, wenn man ihn nicht sofort entdeckt. Identitätskrisen können sich infolge befreiender unbewusster Vorgänge einstellen. Registriere sie, bearbeite sie, ohne dabei stehen zu bleiben. Sie haben ihre Berechtigung, insofern Du etwas lernen musst, um voranzukommen, aber sie sind kein so großes Drama, als dass Du in eine Schockstarre verfallen solltest.

20. Die Sonne erlaubt Dir eine unbekümmerte optimistische Herangehensweise. Du hast jetzt die Kraft und das Geschick, Deine Probleme zu meistern. Die Sonne ist das Zentrum des Lebens, sie erleuchtet die Dunkelheit und gibt uns die Freiheit der

Erkenntnis. Verärgere sie nicht, denn genauso, wie sie Leben gibt, kann sie es auch wieder nehmen.

21. Das Äon oder Gericht gibt Dir in der Regel Grund zur Freude, Verlorenes kehrt zurück, Ungerechtes wird berichtigt. Dabei ist nicht die Verurteilung das Zentrum, sondern die Vergebung, nicht die Anklage, sondern das Verständnis. Es handelt sich um eine weise Einsicht, die man erlangt, wenn man das Ganze erfasst. Man versteht die Vorgänge und kann dadurch Milde walten lassen.

22. Das Universum oder die Welt gibt Dir den Platz, der Dir zu steht. Erkenne Dein Zuhause. Hast Du diesen Platz inne, wird alles um Dich herum wachsen und gedeihen. Das Leben selbst wird in Dir und um Dich sein. Deine Wege finden hier ihren glücklichen Ausgang, denn Du bist eins mit dem Universum. Zuversicht und Gelassenheit darfst Du ohne Reue an den Tag legen. Was Du jetzt lebst, ist Deine Bestimmung.

Hast Du Dir schon spontane Notizen gemacht? Wenn nicht, ist das nicht schlimm, nun kommen ein paar Übungen zu den Archetypen.

Übungen

1. Nimm jeden Archetyp und gib ihm eine Gestalt. Malen, Zeichnen, Bilder aus dem Internet, egal wie, finde eine Gestalt, die Dir angenehm und passend erscheint.

2. Schreibe zu Deinen gefundenen Bildern eigene Erläuterungen. Bleibe dabei allgemein.

3. Überlege Dir nun, was jeder Archetypus in Bezug auf Liebe, Partnerschaft, Beruf und Geburt aussagen könnte. Mit Geburt meine ich, dass Du Dir vorstellst, Du würdest das Bild für ein Kind im Augenblick seiner Geburt erhalten.

4. Bilde ein Mantra mit dem Archetypus als Fokus. Einmal mit der Frage, „Wie sieht für mich ... aus?", und einmal mit der Frage, „Was bedeutet für mich ...?".

Natürlich wieder je 10 Mal, um Varianten abzudecken, da wie gesagt Archetypen sehr komplexe Themen beinhalten. Du kannst es natürlich auch noch öfter machen, wenn Du das Gefühl hast, das immer noch ein Teil der Bedeutung oder des Bildes fehlt.

ZAHLENSPIELE

Lust auf Mathematik? Dann versuchen wir doch einmal, mit Zahlen dem Unbekannten auf den Grund zu gehen.

Dazu benötigst Du aber erst einmal eine Übersetzungstabelle, mit der Du Buchstaben in Zahlen umwandelst:

A	1	J	10	S	100
B	2	K	20	T	200
C	3	L	30	U	300
D	4	M	40	V	400
E	5	N	50	W	500
F	6	O	60	X	600
G	7	P	70	Y	700
H	8	Q	80	Z	800
I	9	R	90		

Fange jetzt einmal ganz einfach an, nimm Deinen Namen, Dein Geburtsdatum und Deinen Geburtsort.

Wandle Deinen vollständigen Namen und den Geburtsort in Zahlenwerte um, indem Du für jeden einzelnen erst einmal die oben genannten Zahlenwerte zusammenrechnest. Hast Du die Summe, bildest Du nun die Quersummen.

Beispiel:

Max Mustermann: 40+1+600= 641

Erste Quersumme: 6+4+1=11

Zweite Quersumme: 1+1=2

40+300+100+200+5+90+40+1+50+50=876

Erste Quersumme: 8+7+6=21

Zweite Quersumme: 2+1=3

Sagen wir einmal, sein Geburtstag ist der 01.01.2001: 1+1+2+1=5

Und der Geburtsort ist Hanau: 8+1+50+1+300=360

Erste Quersumme: 6+3=9

Nun zu den Bedeutungen der Zahlen:

Wir haben bei den Zahlen zwei Sonderstellungen mit doppelter Interpretation. Das sind die Quersummen 12 und 10, die einmal in der Form und noch einmal in der nächsten Quersumme, also 3 und 1, interpretiert werden.

Von allen anderen Zahlen werden so lange Quersummen gebildet, bis nur noch eine einstellige Zahl übrig bleibt. Wenn Du Dich mit dem System genauer beschäftigen willst und in die Numerologie einsteigst, wirst Du auch mit anderen zweistelligen Quersummen arbeiten, aber das ist für unsere erste Einleitung in die Divinatorik noch nicht relevant.

1. Die Eins, das As ist die Wurzel, vor allem in den monotheistischen Wegen gilt sie als Einheit, als Grundlage und Ursprung von allem. Im Tarot bildet die Eins der kleinen Arkana die Verbindung zwischen den Zahlenkarten und den Hofkarten eines Elementes. Es steht für die geistige Führung, für den Samen, der ein Gefäß benötigt, in dem er aufgehen kann.

2. Die Zwei ist das Gefäß, in dem sich etwas manifestieren und wachsen kann.

3. Die Drei ist die Erkenntnis, das Verstehen einer Idee, die mit dem Samen in das Gefäß gegeben wurde. Sie ist der neutrale Punkt, weder gut noch böse, weder hell noch dunkel, und doch vereint sie alle Seiten der Medaillen in sich.

4. Die Vier ist die Offenbarung des Weges. Das Gesetz des Ausgleichs beginnt, zu wirken.

5. Die Fünf zeigt eine Hilfestellung, die in Materie wie im Geist wirkt. Durch die Hilfe wird das System aus dem Gleichgewicht gebracht und in neue Bahnen gelenkt. Das verursacht mitunter Chaos und Sturm.

6. Die Sechs bildet das Bewusstsein, eine harmonische ausgeglichene Form.

7. Die Sieben ist der Gegenpart zur Sechs. Sie bildet ein Ungleichgewicht und kann positive Eigenschaften negieren.

8. Die Acht bildet die Symmetrie und kann wie ein Heilmittel fungieren und negative Effekte besänftigen.

9. Die Neun zeigt eine voll entfaltete Persönlichkeit, die sich ihrer zuvor verborgenen Kräfte bewusst wird und diese freisetzen kann.

10. Die Zehn bringt eine Warnung mit sich, dass man überlegen soll, was man tut, dass jeder Schritt und jede Entscheidung geprüft werden muss, damit man nicht in die falsche Richtung treibt.

12. Die Zwölf war über lange Zeit die Grundlage des Rechensystems. Das Dutzend findet sich in der Zeiteinteilung genauso wie in der Winkelmessung – die zwölf Gelehrten, die zwölf Apostel, die zwölf guten Feen. Entsprechend hat diese Zahl in der Numerologie eine Sonderstellung, sie spiegelt Harmonie wider, aber beinhaltet auch einen kleinen Nadelstich, indem sie auch einen Schein darstellt, einen kleinen, kaum sichtbaren Schatten, über den man stolpern kann, wenn man nicht acht gibt.

Kommen wir zurück zur Interpretation. Max Muster-mann bleibt unser Beispiel:

Für den Namen Max Mustermann haben wir die Zwei und die Drei erreicht. Was sagt uns das nun?

Er ist ein Gefäß, in dem Ideen wachsen können. Hat man eine Idee in ihn gepflanzt, ist er in der Lage, sie zu erkennen und zu verstehen. Er liebt neue Ideen und ist in der Lage, Situationen und Begeben-heiten neutral zu erfassen und zu analysieren.

Für den Geburtstag haben wir die Fünf.

Er leistet gerne Hilfestellung bei der Entwick-lung anderer und auch bei der Beurteilung von Be-gebenheiten, Situationen und Ideen. Durch seine neutrale Betrachtungsweise kann er dabei auch schnell Weltbilder zerstören und neu zusammenfü-gen, da er nicht in einer Sichtweise gefangen ist.

Für den Geburtsort haben wir die Neun berech-net.

Er wird eine in sich gefestigte Persönlichkeit, die selbstbewusst ihre Stärken und Schwächen analy-siert und ihre innere Kraft nach außen tragen kann.

Diese Analyse kann man nutzen, um zum Bei-spiel Berufsoptionen zu finden, die zu den Eigen-schaften passen. Diese Optionen kann man dann wieder numerologisch betrachten, ob sie mit der Person harmonieren. Auch kann man im nächsten

Schritt mit anderen Methoden, etwa Tarot, weitere Vorhersagen für diese Person treffen.

Bleiben wir einmal bei Max Mustermann und der Numerologie. Er hat seine Auswertung erhalten und überlegt, dass Jurist gut zu seinen Zahlenwerten passen würde. Er kann Situationen erfassen und neutral betrachten, ein wichtiges Utensil für einen Juristen. Und Hilfestellung, die zur Not auch gewaltige Veränderungen herbeiführt, ist da mehr oder weniger auch drin. Und gefestigt seinen Standpunkt vertreten können, passt auch.

Also prüfen wir, ob der Jurist passt: Summe ist 709 also 7+9= 16 1+6=7 Die Sieben kann positive Eigenschaften negieren und ein Ungleichgewicht herbeiführen. Betrachten wir uns einmal Strafverteidiger, die ihre Mandanten unter allen Umständen raushauen wollen, auch, wenn sie schuldig sind, passt die Zahl wie die Faust aufs Auge. Aber passt sie auch zu unserem Max?

Da er einerseits neutral, andererseits in sich gefestigt ist, kann er die negativen Einflüsse der Sieben wahrscheinlich für sich nutzen. Wichtig ist, dass er sich der negativen Punkte immer bewusst bleibt und seine inneren Stärken ausspielt.

Betrachten wir doch einmal die Gesamtsumme von Max, wir zählen also die Quersummen zusammen und erhalten:

2+3+5+9=19 1+9=10. Eine Warnung, jeden Schritt gut zu überdenken, auch das passt zu der Idee, Jurist zu werden.

1+0=1. Und hier haben wir die Wurzel, den Samen, der in ihm aufgehen kann.

Unter der Bedingung, dass er sich immer darüber bewusst ist, was er tut, dass er jede Entscheidung sorgfältig und seiner neutralen Natur entsprechend abwägt, wäre er ein durchaus brauchbarer Jurist, der sich nicht durch äußere Einflüsse verleiten lässt.

Natürlich kommt für eine ausführliche Betrachtung noch der Studienort, der Ort der Ausübung des Berufs, die jeweiligen Startdaten und so weiter hinzu. Je mehr Daten man in die Analyse mit hineinnimmt, desto genauer wird sie. Aber für das Beispiel würde es nun zu weit führen. Dir sollte klar sein, wie Du mit den Zahlen umgehen kannst.

Also berechne nun Dich und betrachte dann Entscheidungen und Fragen über die Numerologie.

Übrigens sind die Bedeutungen der Zahlkarten im Tarot entsprechend, nur die 12 erscheint dort nicht. Die Zahlkarten gehen bis zehn, dann kommen die Hofkarten. Die Grundbedeutung wird im Tarot dann auf das jeweilige Element bezogen, zu dem die Karte gehört.

Daraus ergibt sich für Dich in dieser Lektion noch eine weitere Übung: Beziehe jede Zahl, außer die Zwölf, auf die Elemente und überlege, wie sich die Bedeutungen ändern.

FOKUSARBEIT

Wir haben nun schon einiges geübt und gelernt. Nun wollen wir ein paar Experimente zum Thema mediale Arbeit machen.

Du benötigst eine durchsichtige Schüssel oder Vase, möglichst kugelig, und einen dunklen Untergrund, eine Kerze sowie zehn Steine, losen Kaffee oder Tee. Natürlich kannst Du auch eine Kristallkugel verwenden, wenn Du eine wirklich klare Kugel ohne Einschlüsse hast.

In der Fokusarbeit wirst Du nun verschiedene eigene Fragen angehen oder Du suchst Dir ein Versuchskaninchen, mit dessen Fragen Du üben kannst. Mit einem Partner ist es sicherer, dass Du nicht einfach die Antwort, die Du haben willst, hinein interpretierst. Du bearbeitest jede Frage zweimal, einmal, indem Du rein die Technik verwendest, und einmal, indem Du den Fokus durch ein Mantra intensivierst und nur beim Ausatmen die Augen öffnest und auf Deinen Fokus richtest.

Probiere jede Technik mindestens 10 Mal aus und fälle dann ein Urteil, wie es funktioniert hat und welche Probleme Du hattest. Für die Interpretationen der gesehenen Bilder nimmst Du die Archetypen, Elemente und Zahlen zur Hand, die Du ja schon bearbeitet hast. Falls Du keine direkten Übereinstimmungen oder Assoziationen finden kannst, beschreibe das Bild und überlege, was die Komponenten bedeuten könnten. Halte diese Bilder unbedingt schriftlich fest, als Ergänzung zu den allgemeinen Interpretationsmöglichkeiten, die Du schon hast.

Wasserglas oder Kristallkugel

Mit dem Wasserglas hast Du ja schon experimentiert, die Kristallkugel funktioniert genauso. Stelle die gefüllte Vase oder die Kristallkugel auf eine einfarbige dunkle Decke. Verdunkle den Raum und mache nur indirekte Beleuchtung. Blicke in das Wasser oder den Kristall und versuche, die leere Mitte zu fixieren. Spreche die Frage laut aus. Lasse Dir dabei etwas Zeit. Das erste Bild, das auftaucht, notierst Du Dir oder Du lässt es durch Deinen Helfer notieren. Mitunter taucht nicht nur ein Bild auf, sondern es beginnt eine Bildabfolge, betrachte sie zuerst vollständig und versuche, sie Dir zu merken, ehe Du notierst. Arbeitest Du mit einem Helfer, kannst Du diesem direkt die Bilder beschreiben, er darf jedoch nicht nachfragen oder Dich stören, ehe die Abfolge beendet ist.

Kerze

Auch die Kerze ist nicht unbekannt. Stelle eine Kerze so vor Dich, dass Du locker und entspannt in die Flamme schauen kannst. Erfasse die heißeste Stelle der Kerze mit Deinen Augen und sprich dann Deine Frage. Das Weitere erfolgt analog zur oberen Übung.

Steine

Nun kommt eine Übungsvariante aus der Sortion. Wir nehmen die Steine, schütteln sie in unseren hohlen Händen und sprechen dabei dreimal unsere Frage, ehe wir sie werfen. Wir betrachten die Lage der Steine und versuchen, Muster und Bilder zu erkennen. Auch Grüppchenbildung kann interessant sein. Das ist etwas einfacher als bei den ersten Übungen, da die Steine sich ja nicht bewegen, sondern liegen bleiben. Schreibe spontan auf, was Du siehst, dann mache das Mantra und blicke erneut auf die Steine, um dann wieder Dein spontanes Bild niederzuschreiben.

Tee oder Kaffee

Für die letzte Übung machst Du Dir einen Kaffee oder Tee mit Satz, also denn Kaffee oder Tee in der Tasse direkt aufgießen. Trinke diesen und ehe die Tasse ganz leer ist, schwenkst Du mit dem Rest die Tasse im Uhrzeigersinn. Dabei formulierst Du die Frage, ehe der Rest gelehrt wird. Auch bei dieser Technik hast Du ein bisschen Zeit bei der Suche nach Bildern. Sie laufen Dir nicht weg, Du musst sie nur finden. Begebe Dich auch hier zuerst einfach so auf die Bildersuche und schreibe auf, was Dir auffällt, dann wiederhole die Bildersuche mit einem Mantra.

TAFELWERKE

Ich habe Dir ja schon in der Lektion mit dem Pendeln von den Tafeln erzählt, die man verwenden kann, um detaillierte Informationen aus dem Medium zu bekommen. Das gilt aber nicht nur für das Pendel, auch die Sortion kann man auf diese Weise vereinfachen. Mit einer Bildtafel, auf der die Archetypen zu finden sind, kann man zum Beispiel die Position geworfener Steine interpretieren oder, wenn man die Numerologie hinzufügen möchtc, kann man auch auf diese Tafeln würfeln und neben der Lage auch die Zahlen und Quersummen interpretieren. Mit Farbwürfeln könnte man einen Wurf mit den Elementen machen.

Auch Zahlentabellen oder ein einfaches Koordinatensystem, in dem die Quadranten den Elementen zugeordnet sind, lässt sich für die Sortion verwenden. Diese einfache Variante nutzen wir nun für die folgende Übung.

Elementtafel

Male ein Koordinatensystem auf, in alle vier Richtungen zehn Zentimeter oder zehn Kästchen, wie immer Du es besser hinbekommst.

Der linke obere Quadrant ist das Feuer, der rechte obere die Luft, der rechte untere das Wasser und der linke untere die Erde. Nimm nun 4 einfache Steinchen, schüttele sie in der hohlen Hand, während Du Deine Frage formulierst. Dann werfe sie auf das Blatt.

Die Interpretation der Antwort erfolgt anhand des Elementes und der Zahlenwerte auf der x- und y-Achse, bei denen das jeweilige Steinchen liegt.

Eine Variante wäre, leicht zu unterscheidende Steine zu nehmen und jedem eine mögliche Antwort auf die Frage zuzuordnen. Lage und Zahlenkombination ergeben dann eine Bewertung der entsprechenden Antwort.

Tafel der Archetypen

Für das nächste Experiment male eine Tabelle mit drei mal sieben Feldern und einem Feld, das diese drei Spalten überspannt. Diese entsprechen den zweiundzwanzig Archetypen. Die Welt/das Universum ist das große Feld, das die Spalten überspannt. Nummeriere die anderen Felder von Eins bis Einundzwanzig oder schreibe die Archetypen hinein. Nun kannst Du wieder Steine verwenden für die einfachere Variante oder Du nimmst Würfel, bei denen nicht nur die Lage, sondern auch die Quersumme aller Augen interpretiert wird. Auch Würfel mit Farbseiten sind wieder eine mögliche Variante.

Experimentiere mit mindestens 10 Fragen je Tafel.

Versuche Dich auch an eigenen Tafeln. Die nächstlogische Tafel wäre mit Zahlen und/oder Buchstaben, aber man könnte auch das Bild eines Körpers nehmen und dieses mit Zahlen und Farbwürfeln nutzen, etwa, um Ungleichgewichte im Körper zu finden. Oder Du schreibst für eine Frage eine Tabelle, in der jede Antwort mit Pro und Contra auftaucht, und beurteilst diese mittels Sortion.

Versuche Dich einfach einmal an Varianten des Tafelthemas, ehe Du zur letzten Lektion übergehst.

DEIN WEG

Dies ist die letzte Lektion. Du hast nun einiges erfahren, über die Divination allgemein und die verschiedenen Techniken, und konntest in den letzten Lektionen vieles üben und ausprobieren. Ich möchte, dass Du nun Deine Aufzeichnungen zur Hand nimmst und Deine Übungen durchgehst.

Was machte Dir Probleme? Was fiel Dir leicht? Welche Deiner Antworten passten spontan? Welche wollten so gar nicht passen?

Gerade bei dem, was nicht passte: Hast Du auch berücksichtigt, dass Einflüsse vorliegen könnten, die Du nicht bewusst erkennst und entsprechend beim Abgleich der erfahrenen Antwort mit der erwarteten Antwort nicht auf dem Schirm hattest?

Beurteile all Deine Fragen nun bewusst und aus der Distanz betrachtet erneut.

Nimm Fragen, deren Antworten nicht passen, mit einer Technik aufs Korn, die Dir gute Ergebnisse beschert hat, und schaue, ob die Antwort wirklich Murks war oder doch eine Wahrheit enthielt, die Du nicht gesehen hast.

Als letzte Übung möchte ich, dass Du Dir eine Frage aussuchst, mit der Du alle geübten Divinationstechniken noch einmal durchmachst.

Schreibe die Antworten und Interpretationen spontan ohne Bewertung auf.

Am Ende vergleiche die Antworten und fühle in sie hinein. Nutze die Mantra-Methode, um die Antworten zu betrachten, die ein zwiespältiges Gefühl hinterlassen.

Wenn Du damit durch bist, beurteile erneut die Techniken.

Mittlerweile sollte sich ein Weg herauskristallisiert haben, mit dem Du arbeiten kannst.

Erreichst Du gute Ergebnisse mit den Tafeln und Zahlen, solltest Du Dich näher mit dem Tarot und der Numerologie beschäftigen.

Fallen Dir hingegen die Fokusarbeiten leichter, gehe weiter in diese Richtung.

Hast Du gute Ergebnisse mit dem Pendel, erarbeite Dir diesen Weg und betrachte auch das Thema Rutengehen.

Ist irgendwie noch nicht das Passende dabei gewesen, musst Du dennoch das Thema Divination nicht aufgeben. Schaue dir in diesem Fall die Astrologie einmal genauer an. Diese musste ich hier wegen ihrer Komplexität ausklammern, sie ist aber aufgrund ihrer mathematischen Grundlagen ein interessantes Feld, wenn andere Techniken nicht funktionieren.

Dein Weg, Deine Verantwortung

Du hast nun einen ersten Einblick in die Divination und Deine Fähigkeiten erhalten. Zum Schluss eine Warnung: Der Blick in die Zukunft kann zur Sucht werden. Es ist eine Sache, nach den Alternativen zu fragen, eine andere Sache ist es jedoch, keine eigenen Entscheidungen mehr zu treffen und alles der Divination zu überlassen. Es gibt Menschen, die keinen Schritt gehen können, ohne zu fragen, was auf sie zu kommt. Das kann so weit gehen, dass es wie bei anderen Süchten zu Panikattacken und anderen Entzugserscheinungen kommen kann.

Du hast die Verantwortung, für ein gesundes Maß zu sorgen und Dir immer darüber im Klaren zu sein, dass die Zukunft von weit mehr abhängt.

Das gilt Dir selbst gegenüber und vor allem auch, wenn Du anderen Deine Künste anbietest. Achte immer auf die Gemütsverfassung der Person, auf ihre Ängste und Sorgen.

Einer labilen Person eine negative Zukunft vorherzusagen, kann Probleme auslösen. Entsprechend musst Du auf Deine Worte achten und die Wahrheit so verpacken, dass immer der Funken der Hoffnung mitschwingt. Du hast die Verantwortung, was Du weitergibst und an wen Du es weitergibst. Sei Dir dessen immer bewusst.

Herstellung und Verlag:

BoD – Books on Demand, Norderstedt

ISBN: 9783751998345

Kontakt: Psiana eCom UG/ Berumer Str. 44/ 26844 Jemgum

Covergestaltung: Fenna Larsson

Coverfoto: depositphotos.com